LE THÉATRE

A CAMBRAI

avant et depuis 1789

J. RENAUT
1883

LE THÉATRE

CAMBRAI

AVANT & DEPUIS 1789.

Tiré à 115 Exemplaires.

15 sur Hollande.

100 sur papier fort.

———

N°   Bibliothèque de M..

LE THÉATRE A CAMBRAI
avant et depuis 1789.

« Ne voulez-vous pas bien me permettre présentement de passer derrière le rideau, et de vous faire venir sur le théatre? »

SÉVIGNÉ (novembre 1680).

PAR Durieux

J. RENAUT ÉDITEUR
1883 18, rue St Martin
CAMBRAI

LE THÉÂTRE

A CAMBRAI

AVANT & DEPUIS 1789.

> « Ne voulez-vous pas bien me permettre présentement de passer derrière le rideau, et de vous faire venir sur le théâtre ? »
>
> Sévigné (novembre 1680).

L'on a, en général, peu de renseignements sur les commencements du théâtre dans notre région du Nord ; ce que l'on en connaît se borne souvent à des généralités où l'hypothèse et la tradition tiennent forcément une trop large place.

Des représentations de mystères, de pièces religieuses, avaient lieu dans les églises ; ce n'était point, paraît-il, le seul genre de spectacle que l'on y donnât : des « bouffonneries indécentes » y étaient également jouées (1).

---

(1) Concile de Cambrai 1565, chapitre IV : « *De Cultu ceremoniis*
« *et officio divino.* » Précepte 10 : « .... On a coutume de voir
« des personnes ecclésiastiques accomplir un grand nombre
« d'exercices dont la licence croissante est une pierre d'achop-
« pement pour les fidèles, surtout certaines bouffonneries et
« inepties indécentes qui ne cessent de se faire dans les
« églises, etc. » Cité par M. E. Fleury : « *Origines et dévelop-*
« *pements de l'Art Théâtral dans la province ecclésiastique*
« *de Reims*, page 177.

L'autorité ecclésiastique ne tardait pas à s'élever contre ces représentations qu'elle proscrivait et dont elle condamnait l'esprit ; elle interdisait, en même temps, aux membres du clergé d'y prendre part comme spectateurs ou autrement.

Les conciles de Châlons-sur-Saône en 650 (1), de Reims et de Tours en 813 (2) déclarent ces « jeux » funestes à la religion et à ses ministres.

Au commencement du XIVe siècle, le synode diocésain tenu à Cambrai, défendait aux clercs de se mêler aux spectacles, d'en autoriser la représentation dans les églises et les cimetières (3).

Mais il fallut renouveler ces inhibitions pendant des siècles avant de les voir porter leurs fruits. C'est ce que montrent, entre autres, le concile provincial de Soissons en 1455, et le premier concile de Cambrai en 1565, répétant les défenses formulées par le synode tenu deux siècles et demi auparavant en cette dernière ville.

Et en 1788, le synode de Reims défendait encore aux prêtres, sous peine de « suspense, » d'assister aux comédies et spectacles, de danser et de se masquer.

Les troupes d'acteurs que l'on essayait de chasser

---

(1) *Origines* etc., page 29.

(2) Id., pages 31 et 32.

(3) « ... Que les clercs pourvus des ordres sacrés... ne se « mêlent pas aux spectacles de choses qui excitent la risée, aux « exercices des farceurs et aux danses en chœur. Qu'ils ne « permettent pas qu'on fasse de telles choses dans les églises et « les cimetières, et qu'ils ne les exercent pas eux-mêmes. » — E. Fleury, *Origines* etc., page 43.

ainsi des lieux saints, représentaient aussi sur la place publique et, comme les compagnies dramatiques ambulantes de nos jours, se transportaient dans les villes et dans les villages où elles donnaient leurs représentations en plein air (1).

Les corporations des métiers se constituaient déjà au XIII° siècle, en confréries religieuses qui étaient, à l'occasion, de véritables troupes théâtrales. Elles jouaient de même, en plein vent, des mystères et d'autres pièces. On les retrouve encore dans les premiers temps de la Renaissance (2).

On sait relativement peu de choses, à l'heure présente, des œuvres qu'elles interprétaient, de leur mérite littéraire, de l'intrigue, de la « charpente, » selon l'expression consacrée chez les dramaturges contemporains.

D'ailleurs qu'elles soient des drames sacrés, qu'on les nomme « pyeusetez, jeux de Dieu, jeux de personnages, farces, moralités, » peu de ces productions sont parvenues jusqu'à nous.

Le nombre des spectateurs étant élevé — il comprenait souvent la population de toute une localité — et celui des représentations restreint, on n'avait pas alors de théâtre clos. La scène où ces pièces se jouaient, à l'exemple des premiers théâtres grecs, s'élevait en

---

(1) Concile de Noyon (1344) — vii° canon, cité par M. Fleury : *Origines* etc., page 52.

(2) Des mystères furent joués même jusqu'en pleine Renaissance, « par des associations d'habitants et de marchands de Reims. » — E. Fleury : *Origines* etc., page 65.

charpente pour la circonstance et disparaissait après le spectacle (1).

Ces associations dramatiques formées de bourgeois et de marchands, dès qu'elles n'empruntaient plus l'église pour lieu de leurs exploits, trouvaient une sorte d'encouragement de la part du clergé (2) dont la diplomatie espérait par ce moyen, bien mieux que par la menace des peines canoniques, débarrasser le temple, au profit de la rue, de toute profanation.

Les mystères sacrés n'étaient point, on l'a vu, les seules pièces jouées alors ; à côté de ce que l'on pourrait considérer comme le genre sérieux, on trouvait les farces et les « comédies » qui étaient le lot de compagnies plus nombreuses que les premières. Elles se confondaient souvent sous le nom générique de « sociétés de rhétorique, » indépendamment de désignations particulières à chacune d'elles, inspirées par un usage suivi, un ridicule, un vice même, observé dans le pays, la ville, la commune à laquelle appartenaient ces sociétés.

Elles ne se bornaient pas à récréer leurs concitoyens par leurs jeux, elles se rendaient souvent dans les localités voisines et jusqu'en des cités lointaines aux fêtes ou à certains jours spéciaux, pour y donner leurs spectacles ou prendre part à de véritables concours littéraires. Des prix, quelquefois aussi

---

(1) A Rome, « avant le Grand Pompée, on détruisoit les *théâtres* « dès que les jeux étoient finis. » (*Supplément au Dictionnaire de Trévoux*).

(2) E. Fleury, page 88.

bizarres que les noms de ces associations, étaient décernés aux vainqueurs.

Ces concours prenaient en général le nom de « puys, d'escolles. » Les pièces que l'on y couronnait se nommaient en différents lieux « joyaux dramatiques (1), » preuve encore que ces sociétés de rhétorique étaient bien des troupes théâtrales.

On les rencontre partout dès les premières années du XIVᵉ siècle, mais leur origine était d'un siècle plus ancienne (2). Presque toutes, à en juger par ce que l'on sait de quelques unes, avaient une organisation analogue.

Les communes les encourageaient par des « dons, » sortes de subventions assez régulières, dans le but d'entretenir à l'état presque permanent, à l'aide de ces visites réciproques, avec les centres qui les entouraient des relations favorables au commerce.

Leur histoire conduit, non sans plus d'une transformation, à l'histoire du théâtre moderne à laquelle celle-là sert comme d'introduction.

Cambrai, capitale d'une petite province autonome (3) sans prétendre à être un centre littéraire et artistique

---

(1) *Histoire de France dans ses rapports avec le théâtre français*, par Onesyme Leroy. — Appendice à la 3ᵉ époque : « Chambres dramatiques ou littéraires dites *Rhétoriques.* » (*Archives historiques et littéraires du nord de la France et du midi de la Belgique.* — Nouvelle série, t. IV, page 104).

(2) Idem, page 103.

(3) La neutralité du comté de Cambresis, donné en l'an 1007 par l'empereur saint Henri à l'église de Cambrai, subsista plus ou moins réellement, de droit sinon de fait, jusqu'à la prise de la ville par le comte de Fuentès en 1595.

ne resta pas étranger au culte de la littérature et de l'art partout répandu et si vivant, durant le moyen âge, dans les Flandres. Or le Cambresis qui en faisait géographiquement partie, pour ainsi dire, en avait les mœurs, le langage, les usages, les goûts, surtout en ce qui concernait les réjouissances.

Sans mentionner autrement que pour mémoire les tournois et les joûtes qui se donnèrent dans la vieille cité, spectacles dont les anciennes chroniques indiquent les détails et les comptes de la ville les frais (1), celle-ci eut des premières, des sociétés de rhétorique ou compagnies dramatiques.

L'existence de l'une d'elles fut de longue durée; c'est ce qui résulte de l'examen de quelques documents restés enfouis dans les archives communales. Ils confirment en général les faits acquis; mais s'ils ne constituent pas une chose neuve au fond, les détails qu'ils révèlent donnent à cette chose un aspect parfois tout particulier. Et sous ce dernier rapport, c'est une étude qui sans cesser de se rattacher à l'histoire générale du théâtre, emprunte un caractère spécial à la nature, au tempérament de la population qu'elle intéresse.

Aux jeux de l'esprit ces compagnies joignaient quelquefois des exercices corporels de différents genres, restes sans doute des joûtes et des tournois. Ainsi l'on voit à Cambrai, le 2 mai 1400, présenter « au commandement de Messieurs (le Magistrat) à

---

(1) Afin de ne pas accumuler les notes, on a réuni ci-après les extraits cités des comptes de la ville, indiquant seulement l'année au bas des pages par un renvoi. — Voir le compte de 1365-1366.

« plusieurs compaignons juans as escus, c'est assavoir
« d'Amiens, de Saint-Quentin, d'Arras et de cité (1),
« xvj pos de vin de xxxij los (2), le moitié de vin
« vermeil à ij s. le lot, l'autre de vin Franchois
« à xx s. le lot, » et d'une valeur « avec le portaige, de
« lxij s. viij deniers tournois (3). »

Le lendemain, c'est au tour des « compaignons de
« Cambray juans asdis escus et autres plusieurs estans
« en leur compaignie, liquel souppèrent avec eux, » à
recevoir aussi un don en vin, s'élevant à 48 s. t.

Le 9 janvier 1401, on présente « au Prince des folz
« du Palais (la juridiction épiscopale) (4) au soupper
« sur le marquiet (la grand'place), où il souppait
« desoubs une tente, viij pos de vin... et un
« flambel. (5). » On retrouve encore en 1442-1443,
ce Prince du Palais, qui est alors un certain Colart
de Bourlon (6).

En mars 1414, « Herment et ses compaignons,
« ménestrels de M. de Saint Pol, lesquelz alloient as
« escoles, comme ils disoient, recoivent une couronne
« d'or qui vaulz parmy l'acat d'icelle xxvij s. iv d. t. »

Le 13 des mêmes mois et an, les ménestrels de
M. de Hamède et de M. de Wauvrin, sont les objets
d'une semblable libéralité.

(1) Nom d'un quartier particulier de la ville d'Arras.
(2) Le lot, mesure de capacité en usage à Cambrai, contenait 2 pots ou 3 litres 60 c.
(3) Le denier tournois valait 0,0041.
(4) On appelait « le Palais, » le lieu ou siégeait l'official, tribunal ecclésiastique.
(5) Comptes de 1400-1401.
(6) Village de l'ancien Cambresis, aujourd'hui Pas de Calais.

L'art et la fortune font rarement bon ménage : c'est, semble-t-il, une vérité de tous les temps ; car il était « donné pour Dieu et en aumône, « par l'ordonnance « et commandement de le cambre (la chambre éche- « vinale), le xxvij° jour du mois d'avril, à... M° Jehan « Ladorée, liquel aloet à escolles, comme il disoit, « viij couronnes du Roy qui valent en Tournai, parmi « l'acat d'icelles au prins de ij d. de le pièce, xj l. t. (1). Des « escoles » se tinrent aussi à Cambrai (2).

Le 13 janvier 1417, on présente « au soupper en « le maison Jehan du Cavech le jone, à plusieurs « bourgeois de ceste cité, lesquels estoient assemblez « pour faire esbatement, » du vin et un flambeau (3).

Le 13 janvier 1418 « jour du xx° » deux compagnies de bourgeois, assemblées aussi « pour faire esbatement, » sont également favorisées d'un don de vin, ainsi qu'une troisième troupe dite de « la Licorne, » réunie dans la maison du bailli de Cambresis (4). On retrouve également encore le Prince de la Licorne en 1437 (5).

Ce ne sont là que des prémices.

Mais, voici qu'en 1426, « par ordonnance et « commandement de Messieurs de le Cambre, » on donne « à l'abbé et as compaignons de Lescache

---

(1) 1411-1412.

(2) 1427-1428 ; 1428-1429.

(3) 1426-1427.

(4) 1417-1418.

Le bailli était le chef de la justice ecclésiastique citée ci-devant. On le nommait « le bailli du palais. »

(5) Voir cette date.

« pourfit, en avancement de leur feste et esbatement
« au jour du xxe, xl s. t. (1). »

Or cette abbaye naissante, vivra sous cette désignation, pendant deux cents ans, jusqu'au XVIIe siècle.

Il est bon de remarquer en passant ces désignations : abbé, abbaye — on ne tardera pas à rencontrer aussi le prieur et les moines ! — Ces emprunts aux institutions religieuses ne semblent-ils pas s'expliquer naturellement par l'abondance des établissements monastiques d'alors ?

On a épilogué sur la signification de ce terme — unique ou divisé — *Lescache* ou *les Cache*, on trouve les deux formes ; cette société, comme ses pareilles, allait concourir aux « puys » pour les prix attribués à ces sortes de luttes ; autrement pour y *cacher*, pour y chercher, un *pourfit* (profit) honorifique avant tout (2).

Ou bien faut-il croire que pour se créer partie des ressources qui lui étaient nécessaires, elle sollicitait la générosité des habitants, ce qui lui aurait alors valu son nom ? C'est là une supposition qu'aucun document n'est venu justifier et que ne saurait contredire la subvention de valeur variable, que chaque année le Magistrat accordait à cette compagnie.

On la trouve souvent désignée plus tard, (de 1440 à 1445, en 1460 etc., etc.) de la seconde manière : « les Cache pourfit, » et vers la fin de son existence par

---

(1) 1425-1426.

(2) Cacher (chercher), ce mot dans le patois cambrésien a retenu diverses significations : « Cacher ses croûtes (mendier) ; chercher ce qui est perdu ; « cacher sin proufit, » travailler au mieux de ses intérêts, etc.

cette phrase : « l'abbé de *Lencache* profit ; et il faut observer que *encacher* signifie également chercher ou *pourchasser* (quêter) dans ce vieux langage qui était celui de la région du Nord, qu'on retrouvait à Lille, à Douai, à Valenciennes, dans le midi de la Belgique, voire même dans l'Artois ; la seule distinction entre le parler de ces divers lieux résidait dans *l'accent* avec lequel on prononce le mot ou plus exactement encore, la lettre.

Mais d'autre part on doit ajouter que certaine « courtoisie, » faite au nom ou à propos de la dite abbaye, consista quelquefois en une « escache » (échasse) d'argent, ce qui donnerait un tout autre sens au nom de cette confrérie (1). Ne décernait-on pas au vainqueur, dans les « puys, » des bijoux d'orfèvrerie, fleurs ou objets divers, anneaux, « estrille, escache, » instruments de musique, « chapeaux de lauriers, » etc.; en or ou en argent, de petites dimensions et dont plus d'un avait fourni son nom à la compagnie qui l'avait choisi pour « profit » à donner (2).

De ces hypothèses étymologiques, laquelle faut-il adopter ? nous penchons pour la première en laissant à de plus érudits le soin de choisir.

Pour n'avoir point à revenir sur des questions de ce

---

(1) 1517-1518 ; 1530-1531.

(2) En 1486, « un pris de balade sur plat argent en pointure « dessus Eve et Adam et ung abrichel du millieu vert, estimé « vi s. viii d., » est offert par le vainqueur à N. D. de Grâce. — *Histoire artistique de la Cathédrale de Cambrai*, par J. Haudoy. « Comptes de l'office de la Fabrique : — Aultres mises pour le couronne faicte devant Notre Dame de Grace en la capelle de la Trinité par lordonnance de Notre Syre le Roy de France, Loys XIe de ce nom. » — (Page 204).

genre, il faut aussi noter que ces sociétés sont presque constamment désignées par cette appellation : « Joueurs sur cars, » (chars) jusqu'en 1566-1567, où cette expression ne se rencontre plus, dans nos comptes communaux du moins.

Dans l'origine, à l'exemple des compagnons du douteux Thespis :

<blockquote>Ces « acteurs mal ornés chargeant un tombereau, »</blockquote>

n'avaient pour théâtre que la voiture plus ou moins décorée qui les transportait, ce qui s'explique avec vraisemblance par le petit nombre de personnages simultanément mis en scène. Alors on voit dans le compte du domaine pour 1435-1436 (fol. 95), que le charpentier de la ville a « reffait avec ses ij valés, par « ij fois, le jour du xxe, le car des jueurs de la ville « d'Arras » venus à Cambrai ; et plus tard dans le compte de 1525-1526, (fol. 23 v.) on lit : « Aux « compaignons jueurs de l'espée et du baston, pour le « jour du xxe, avoir joué sur un charriot, un jeu de « farce et de joyeuse récréation, etc. »

Bientôt cependant, cette indication purement nominative ne doit plus être qu'un souvenir originel.

Pour l'abbaye des Cache profit, un échafaud qui s'élève chaque année, reste debout un jour et disparaît, est le théâtre habituel de ses jeux ; les sotties et les moralités qu'on y représente n'ayant pas assez d'importance pour exiger une scène permanente. Tous les ans, sur le « marquiet » (le marché — la grand'-place), près d'une toute petite chapelle, « la capelette (1), » où il n'y avait guère d'espace que pour le prêtre célébrant chaque jour, à l'aurore, la messe pour les voyageurs et les ouvriers, tous les ans on construisait à frais, un hourd (2) que l'on nommait « l'abbaye (3) » ou « le palais de Lescache proufit (4). »

Le 13 janvier « Baptême de Notre-Seigneur » était grande fête à Cambrai. L'abbé des Cache profit et son « couvent, ses suppôts (5) » ou « ses moines faisaient « esbatements et juaient farces et jeux de person-« naiges pour récréer le peuple. » Ce jour de liesse se trouvait être le vingtième à compter de Noël (6) ; de là le nom qu'on lui donnait.

Le vingtième n'était pas fêté seulement à Cambrai, d'autres villes, Laon entre autres, le célébraient aussi de la même manière (7).

(1) Fondée en 1383, par un chanoine de Notre-Dame, Jean de Tournai.

(2) 1447-1448.

(3) 1448-1449.

(4) 1451-1452; 1494 à 1500; 1504; 1518-1519; etc.

— A Laon les représentations ont lieu, le vingtième, sous une halle en charpente que l'on monte et que l'on démonte chaque année. (E. Fleury, *Origine et développement de l'Art Théâtral dans la province ecclésiastique de Reims*. — Page 207).

(5) 1544-1545, fol. 26.

(6) L'année était considérée comme commençant le jour de la naissance du Christ.

« Au disner en la maison eschevinalle de ceste cité le jour du « xxe après Noël, et comme dîner d'ancienneté, etc. »
(Compte de 1605-1606, — communs frais, fol. 87 v.)

(7) A Laon, la fête du vingtième était dite aussi « Fête du Roi des Braies » (culottes). Le Roi des Braies était l'analogue de l'abbé de Lescache. Les mêmes incidents se produisaient dans ces deux réjouissances qui semblaient dues à une même inspiration. (Voir E. Fleury : *Origine et développement, etc.*, page 190.

Le vingtième était, pour ainsi parler, la fête de fondation : les Cache profit y conviaient leurs confrères des villes voisines. Le soir, à dater de 1435, un souper offert après la représentation par l'abbé, d'abord dans une taverne ou une hôtellerie, plus tard dans son « palais » éphémère, sous le théâtre où une salle était sans doute ménagée (?), réunissait les dignitaires de toutes ces compagnies. On buvait, à ce repas, le « vin présenté par Messieurs, » à l'abbé et à ses moines, pour les récompenser de leurs peines. L'importance de ce don varia entre huit pots et vingt-quatre cannes (1).

Ce souper fut même certaine fois, en 1455, accompagné d'un feu de joie, dont « Messieurs, » bien entendu, payèrent les fagots (2).

Avant tout, l'abbé des Cache profit recevait annuellement « par courtoisie, en avanchement, pour l'aider à supporter les frais de la fête, » une somme d'argent toujours inscrite au chapitre des « Dons

---

(1) Canne (quenne en patois) vase en cuivre ou en fer blanc, encore en usage aujourd'hui chez les laitiers, et d'une capacité indéterminée. On la substitua au début du XVIe siècle, vers 1502, au pot. Elle contenait comme ce dernier un plus ou moins grand nombre de lots de vin.

— Il n'est pas sans intérêt d'indiquer la qualité de celui que l'on « présentait ; » un article pris au hasard parmi nombre d'autres analogues, suffira pour cette indication :

« Présenté ledit jour (xxe) au maire de Crollecul de ceste cité,
« en avancement des despens de lui et ses gens et à cause des
« esbatements qu'ils firent en le cité, iiij pots de vj los de vin,
« moitié Biaune (Beaune), a iiij s. et moitié franchois a iij s. le lot, tout
« prins à Jehan Millet, sont parmy le portage de deux flambiaux,
« xxiij s. » (Compte de 1454-1455, fol. 25 v.)

(2) Voir le compte de 1454-1455 (fol. 25 v.).

et présents, » et qui de 50 sous tournois comme on l'a vue en 1426, passa à 6 livres en 1429 et, s'augmentant graduellement, s'éleva jusqu'à 100, 110 et 600 livres (1) quand les circonstances nécessitèrent des frais extraordinaires.

Le vingtième était d'ailleurs fête générale. et « Messieurs, prévost, eschevins, collecteurs, quatre « hommes et leurs gens et avec eux notables « bourgeois, » sous prétexte de veiller à la garde de la ville et au maintien du bon ordre (2), se réunissaient « en le maison de paix (3) afin d'estre ensemble « pour veïr et oïr les jus et esbatements qui se « faisoient devant le cambre, cedit jour. »

C'était aussi pour eux l'occasion d'un repas (4); il

(1) 596 l. 13 s. 8 d. t. (1532-1533).

(2) 1461-1462.

(3) Maison de paix, chambre de paix, cour séculière, chambre aydée, maison commune, hôtel commun et en dernier lieu maison de ville et hôtel de ville.

(4) 1434-1435.

Ce repas du vingtième n'était pas le seul que fissent en corps les magistrats : ils se réunissaient également pour une semblable cause, le mercredi des cendres ; les jours de sainte Scolastique, de la procession de la Fête-Dieu, du 1er mai, alors que les « serments tiraient le geai ; » le 15 août jour de l'Assomption ; à la saint Simon et la saint Jude, jour de l'ouverture de la foire ; aux saints Innocents ; lors de l'adjudication des fermes ou octrois, (qu'on disait le « dîner du marteau, » par allusion à celui dont se servait le metteur à prix, pour adjuger par un coup frappé sur la table ;) etc., sans omettre les noces de l'un d'entre eux et la prise de possession du siège échevinal, qui donnait lieu à un repas dit le « dîner des sacristes. »

« Messieurs » furent plusieurs fois invités par l'autorité supérieure à modérer leur amour de la table : Le 7 juin 1614, le roi d'Espagne leur enjoint de ne point dépenser plus de 600 livres

n'en pouvait être autrement dans une cité dont les habitants avaient une réputation de gourmandise, méritée ou non, qui subsistait encore naguère.

Les représentations prenant plus d'extension, du moins plus d'importance, les invités du dehors y participèrent en plus grand nombre. Les sociétés étrangères amenèrent bientôt avec elles, autant par politique et diplomatie que par curiosité ou amour du plaisir, celle-ci le prévost, celle-là des échevins de la ville à laquelle elle appartenait.

D'ailleurs, ces personnages officiels se trouvaient avec les « moines » en fort bonne compagnie ; car les riches bourgeois et les gros marchands comprenant bien leurs intérêts, ne dédaignaient point de faire partie de l'abbaye. L'abbé était choisi en outre parmi les plus fortunés, afin de pouvoir soutenir dignement le rang et le prestige de la ville qu'il représentait et de donner, de lui-même, une idée favorable, au point de vue de la convenance et de la libéralité.

Sa troupe ne comptait pas de femmes. Les rôles féminins étaient remplis par des jeunes gens. Elle ne comportait point que des acteurs parlants, elle comprenait aussi des mimes, jouant les « mystères ou jeux sans parler, » les « monstrances ou remonstrances, » semblables à nos modernes « tableaux vivants. » C'est

pour ces sortes de réunions. En 1737, on ouvre dans les comptes du domaine un chapitre spécial aux « frais de bouche, » qui ont été croissants. Aussi, le 5 juillet 1746, l'intendant Moreau de Séchelle vérifiant le compte de 1743-1744, où le total du chapitre gastronomique s'élève à 1,300 florins (1,299 fl. 10 p. 8 d. 1/2), s'effraie-t-il de ce chiffre et interdit-il aux échevins toute dépense semblable qu'il n'aura pas autorisée par écrit; interdiction dont il est fait peu de cas.

là un genre de spectacle que l'on rencontrait partout en Flandre, principalement lors de l'entrée ou de la venue de dignitaires, de princes de l'Etat et de l'église. On l'exhibait sur des échafauds, des « hourds, » élevés devant les édifices publics, aux portes de la cité, aux carrefours principaux.

Avec l'abbé marchaient encore des joueurs d'épée, de barres, etc. Son cortége considérable, précédé de « l'estendart de l'abbaye (1), » se dénombrait par centaines, tant gens de pied que de cheval (2); il fut quelquefois important au point de se diviser en deux bandes (1458-1459). Cette troupe s'augmentait maintes fois des « serments » de la commune, archers, arbalétriers, canonniers, qui l'escortaient (3). Si la ville pourvoyait aux frais des voyages au dehors, elle laissait aux voyageurs le soin coûteux de se vêtir luxueusement et de s'équiper de façon à lui faire honneur.

Pour que l'on pût se reconnaître dans ce nombreux personnel, il est probable qu'à Cambrai, de même qu'à Laon, des sortes de tessères de métal, méreaux de

---

(1) « A Jehan Foullon le josne, brodeur, pour avoir brodé « l'estendart de labbaye de lescache proffit, lui a esté payé par « marchiet fait à lui par Messieurs en plaine cambre, ... la « somme de xj lbz. t. » (Compte de 1502-1503, fol. 24).

(2) Voir plus loin l'abbé de Lescache Andrieu de Gand 1526. — Manuscrit n° 884, fol. 83, Bibliothèque communale.

(3) 1439-1440. — Les serments étaient des compagnies bourgeoises. « Les trois principaux, dits grands serments, » étaient les arbalétriers déjà existants en 1365; les grands archers, institués en 1398 et les canonniers en 1418.

(Voir sur ces compagnies : *Les Serments de Cambrai*, par A. de Cardevacque.

plomb pour la plupart, portant une empreinte ad hoc, étaient distribués à tous, en guise de jetons de présence et de signe de ralliement (1).

Comme toutes les belles fêtes, celle du vingtième eut un lendemain, caractérisé en 1440-1441 pour la première fois, par un dîner servi toujours dans le palais de l'abbé et dont il devait aussi supporter les frais. Les échevins de Cambrai se virent amenés ainsi, à seconder des efforts dont le commerce local retirait un bénéfice réel ; ils distribuèrent à l'abbé de nouveaux vins et des flambeaux (2) et, pour que les notables étrangers se trouvassent à côté de leurs pairs, le prévôt et les deux échevins semainiers (3) prirent place dès 1481-1482, au rang des convives.

On compta mainte fois, parmi ces derniers, des personnages de haute distinction ; entre autres : l'archevêque Louis de Berlaymont (4) qui, en compagnie de « Messeigneurs de cappiltre, de « Messieurs, et aultres gens de bien, » assista au « relief fait, par Roland de Bavay, de son abbaye, le « xx⁰ au soupper, » en 1575 ; et douze ans après

---

(1) M. V. Delattre possède dans sa riche collection de numismatique cambresienne, des plombs qui semblent justifier cette assertion.

(2) 1437-1438.

(3) Les échevins semainiers, presque toujours au nombre de deux, étaient à tour de rôle chargés du service permanent de la chambre échevinale, lequel durait pour chacun d'eux une semaine au bout de laquelle ils étaient remplacés par deux autres de leurs confrères.

(4) C'était le deuxième archevêque de Cambrai ; il avait fait son entrée dans sa ville archiépiscopale le 7 juillet 1572, à l'âge de 28 ans.

(1587-1588) Montluc de Balagny, tyran de Cambrai, et sa femme Rénée d'Amboise, la sœur du fameux Bussy, etc., (1).

On ne négligeait rien pour donner plus de charme à ces repas toujours plantureux et dont la dépense finit même par être prélevée sur les ressources communales (2). Pendant qu'on vidait les coupes, des joueurs d'instruments venus avec les étrangers et payés par le Magistrat ou par l'abbé sonnaient leurs plus beaux airs pour égayer le festin (3).

C'était du reste une coutume que « Messieurs de la loi » pratiquaient officiellement pour leur part depuis longtemps déjà, lors de leur dîner du vingtième, où se faisaient entendre « les flûtes, les harpes, les soyettes (4) (1493-1494), les tambourins, les ghisternes (guitares, 1494-1495), des trompettes, » en un mot tous les instruments d'alors.

On était d'ailleurs à l'époque où les sociétés de

---

(1) Il gouvernait alors pour le duc d'Alençon.

(2) Dans le compte de 1505-1506 (fol. 69), on lit :
« Par Messieurs prouost, eschevins et quatre hommes de ceste
« cité, le lendemain du xxe de cest an mil cincq cens et six, pour
« festoyer aucuns compaignons venus en ceste cité audict jour du
« xxe; tant de la ville de Péronne, comme de la ville de Douay, affin
« d'entretenir amour entre les villes voisines et garder lhonneur de
« la dicte cité, en considération que icelles compaignies ont joué et
« récrée le peuple audict jour en l'absence de ce que l'on n'a point
« pourveu de abbé descache proffit en ce dict an, a esté sousteuus
« pour frais et despens en faisant ledict disner, où il y eust dix
« plas, en le maison de le ville, bien et honorablement servis....
« la somme de xxxv lbz, xiiij s. x d. t. »

(3) Voir les extraits des comptes, à diverses dates : 1493, 1494, 1495, 1496.

(4) Saltérion ?

ce genre étaient le plus nombreuses; en 1497, par exemple, deux Rhétoriques d'Anvers remportaient le prix sur cinquante-deux de ces compagnies (1), et la liste de celles qui ont pris part aux fêtes que leur offrit l'abbaye des Cache profit durant sa longue existence, s'élève à plus de cent cinquante (2). Elles y vinrent jusqu'au nombre de quatorze à la fois (en 1510).

Comme Messieurs, en administrateurs vigilants, pensaient à tout, ils prenaient alors toutes les précautions que commandaient la prudence et la sûreté de la ville, en présence de cette augmentation importante — bien que passagère — de population. Pendant le vingtième de Lescache, l'échevinage de Cambrai comme celui de Laon pendant le vingtième des Braies, levait, dit M. Fleury (3), un nombre supplémentaire d'ouvriers, pour augmenter, durant les fêtes, l'effectif des « guet et garde. »

Outre le vingtième, l'abbaye n'omettait pas de célébrer les autres fêtes et de saisir les occasions de se réjouir que lui offraient les évènements. En 1510, l'évêque Jacques de Croy, fait duc de Cambrai par l'empereur Maximilien, avait fondé, en même temps que le « double de sainte Scolastique » qui était chômé à Cambrai, une distribution de pain aux pauvres. Donc, le 10 février, on chantait à Saint-Géry, la plus

---

(1) Gramaye : *Antiq. Bel. Lov.* 1708, lib. IV, cap. 8. — (Cité par O. Leroy dans son ouvrage *L'Histoire de France dans ses Rapports avec le théâtre français*).

(2) Voir la liste ci-après.

(3) E. Fleury : *Origines etc.*, page 207.

ancienne abbaye de la ville (1), une messe solennelle où assistait le Magistrat en corps, avant la distribution du pain aux indigents. Un repas réunissait ensuite « Messieurs » dans la maison de ville devant laquelle, déjà en 1514-1515, la compagnie des Cache profit était chargée de donner spectacle au peuple, tandis que d'autres sociétés semblables, des environs ou de la localité, divertissaient les habitants sur différents points de la cité. Toutes recevaient à cette occasion du vin ou de l'argent en certaine quantité.

Le « cras dimanche » et le mardi suivant, les « caresmeaux (2) » (1461-1462), le jour des Innocents (1537-1538) et de « saint Panchart » (Pansard) (3) (1538-1539) donnaient également aux artistes en rhétorique le prétexte d'exercer leur verve.

Le jour des caresmeaux 1461-1462 on reproduit devant Madame d'Inchy, venue à Cambrai, les « jus » joués à Arras le dimanche gras. L'annonce du mariage du fils de l'archiduc avec une fille de France (1500-1501); l'entrée du premier évêque duc, Jacques de Croy (1510-1511); la promotion du prélat Guillaume de Croix au cardinalat (1516-1517); la venue d'un autre évêque, Maximilien de Berghes, le 22 octobre 1559, etc., etc., sont célébrées par les « joueurs sur cars. » Le goût des réjouissances était tel, qu'il y eut même certains

---

(1) Le monastère de Saint-Géry, sur le Mont des Bœufs, où fut depuis la citadelle, avait été fondé en 595 et érigé en collégiale en 850.

(2) Premiers jours de carême.

(3) Jour des cendres. Allusion aux trois « jours gras » pendant lesquels on était censé s'être nourri au point de développer la panse.

vingtièmes que l'on prolongea pendant huit jours (1).

La joyeuse abbaye cambresienne jouissait d'un renom assez étendu : plusieurs fois des cités voisines réclamèrent son concours pour donner plus d'éclat aux fêtes qu'elles organisaient. En 1460, par exemple, à l'occasion du passage du comte de Charolais — plus tard Charles le Téméraire — à Béthune, les joueurs de farces et moralités de cette ville envoyaient « chercher « les mystères à Arras et à Cambray (2). »

Les moines de Lescache rendaient aussi à certaines époques, les visites que leurs confrères étrangers leur faisaient. C'était pour eux une habitude d'aller à Arras le dimanche gras (1436 à 1494); à Valenciennes le dimanche après « le Quasimodo, » (1458 à 1498); à Péronne (1475-1505); à Lille à la fête du « Roy des Sots, » (1494-1495); au Quesnoy (1459-1460); à Douai, à la fête du « Capitaine des Pignons, » le jour de l'an à la « fête des Anes, » (1493-1494, 1515-1516); à la « fête des Bons Enfants (1505-1506) et en 1510-1511; etc.

Le Magistrat à ces époques de communications difficiles, trouvait dans ces visites, — il faut le répéter — un moyen d'entretenir avec les pays circonvoisins, des relations favorables aux intérêts politiques et matériels de ses administrés. Car alors que les communes étaient pour ainsi dire réduites à se garder elles-mêmes, elles avaient les unes et les autres tout avantage à vivre en bonne intelligence. Que de fois soit sous le rapport de la justice en aidant à arrêter les

---

(1) 1461-1462; 1533-1534.

(2) Fleury : *Origines etc.*, page 213.

coupables en fuite, soit au point de vue de la sûreté publique en se prévenant mutuellement de l'approche des ennemis qui tenaient la campagne, elles se venaient efficacement en aide.

Aussi lit-on, dans le compte de 1464-1465, que maître Ernould Droguet, abbé des Cache profit (1) pour cette année et dont la femme « estoit nouvellement trespassée, » ne pouvant pour cette raison aller au dimanche gras à Arras (2), comme d'usage, il lui fut commis un remplaçant qui ne voulut prendre la suppléance que moyennant une gratification personnelle de dix livres tournois.

Onze ans après, en 1475-1476, « les moines » s'étant engagés, par exception, à aller ce même dimanche gras à Péronne « faire leur esbatement en grande et honorable compaignie » et ainsi « accomplir le requeste de M. de Clary, » ne purent davantage se rendre à Arras. Messieurs de Cambrai par crainte alors de froisser les Artésiens, payèrent les compagnons de Saint-Jacques, autre société de joueurs sur car, pour remplacer les suppôts des Cache profit et aller « faire par ordonnance de la loy, » les excuses de ces derniers.

C'est dans le même but qu'en 1495-1496, il a été donné « à Jehan Claix dit le Liégeois, » quatorze livres tournois « pour avoir à l'ordonnance de Messieurs de

---

(1) Arnould Droguet était le maître charpentier de la ville; il recevait annuellement pour cet office, 6 livres tournois. (Chapitre Salaires et pensions, fol. 38).

(2) Son chagrin de veuf dura peu ; on lit dans ce même compte de 1464-1465 (fol. 42) : « Présenté le xiiij[e] de may à l'épousée de « maistre Ernould Droguet qui faisoit ses noches, tant au disner « comme au soupper, » du vin pour 4 livres tournois.

« plaine cambre e pour entretenir et continuer les
« anchiennes amitiés, esté comme abbé de Lescache
« proffit en le ville de Douai, à le feste du jour
« de l'an. »

Et lorsqu'en 1498, on « donne à « l'abbé des Cache
« proffit, Pierre Fraisolier » pour lui et ses moines,
deux cents livres pour les défrayer du voyage d'Arras,
on a soin d'ajouter sous forme de « nota » en marge
du compte où cette dépense est consignée, « que ledit
« abbé pour ce est tenu faire le voyage de Douai »
également (1).

L'élection de l'abbé se faisait chaque année, après
le vingtième, en la maison de ville, avec solennité.
Cette cérémonie était suivie d'un festin offert et payé
par la commune.

Outre l'abbé, ainsi élu pour un an (1575),
l'abbaye comptait un prieur (2) dont les fonctions
avaient la même durée, et deux maîtres d'hôtel,
sortes de fourriers chargés d'assurer la vie et l'abri à
leurs confrères quand ceux-ci se déplaçaient (3).

La société possédait aussi un ou des rhétoriciens
attitrés, qui avaient pour mission de composer les
« jeux de personnages, » les dialogues et de régler les
farces (1494-1495).

Le 3 mars 1494 « un prix d'argent qui estoit le
« maistre prix, » est rapporté par eux d'Arras, où ils
l'avaient gagné.

---

(1) Fragment de registre.
(2) 1583-1584, etc.
(3) 1533-1534.

L'un d'eux, Grard de Raborie, est même cité nominativement pour avoir fait et composé « le poësme de « abbeye joué par personnages le jour des Rois, » (1501). C'est malheureusement la seule mention précise de ce genre que nous ayons retrouvée.

La compagnie d'ailleurs ne risquait ses représentations qu'après des études suffisantes, « en recordant » (répétant) ses jeux (1). Il advint diverses fois, lorsqu'elle avait besoin d'augmenter son personnel, qu'elle eut recours à une autre société cambresienne dont il sera question plus loin, « le Quétiviez, » présidée par un maire, dont les fonctions individuelles semblent avoir été souvent de servir l'abbé (1514-1515).

On ne saurait dire si les associés de ce dernier portaient un signe distinctif, mais il fut quelquefois donné à ces acteurs de bonne volonté, des « livrées » (rubans) (2) pour leur tenir lieu de ce signe ou leur servir d'ornement (1533-1534).

Alors non plus, tout n'était pas toujours rose dans la vie d'artiste; c'est ainsi qu'en 1463, Mathieu du Castel, abbé de Lescache, était retenu prisonnier à Mons, par ordre du duc de Bourgogne, voici en quelle circonstance :

Un certain Jehan de Lille, pour un méfait que nous ne pouvons préciser, — le document qui le constate étant en très-mauvais état, — avait encouru la colère du prince qui prétendait que l'on exécutât, — c'est à dire qu'on punît, — à Cambrai où il avait des attaches, ledit Jehan de Lille ; ce à quoi les Cambresiens se

---

(1) 1511-1512.

(2) Le mot est encore en usage dans nos villages.

refusaient. Le roi de France qui avait, comme le duc, reconnu la neutralité du Cambresis, intervint dans cette affaire (1) ; mais, le dernier profitant avec déloyauté du voyage de l'abbé de Lescache à Mons où il était allé « faire esbatement, » l'y avait fait appréhender par représailles, et retenir prisonnier dans le château, avec ses compagnons Collart de Landas, Jacquement Savary, Pierrot Tassou et Jacquemart Pinchon (2). Puis on les avait amenés ensuite à Bouchain et reconduits plus tard au lieu de leur arrestation. Le duc avait de plus fait saisir la vaisselle d'argent que le malheureux Mathieu du Castel, — un personnage, on doit le croire par ce détail, — transportait avec lui pour ses besoins personnels et sans doute aussi pour faire honneur à son état ; cela tandis que les officiers de l'irascible seigneur mettaient, à Cambrai, les biens du pauvre abbé en séquestre. Il fallut que le Magistrat négociât longuement et à grand renfort d'ambassadeur et d'argent la liberté de ses concitoyens. Il ne l'obtint qu'en l'achetant « mil escus « en quoy on avait traictié et pacifié pour avoir et « obtenir leur délivrance (3), » après une captivité qui dura dix-huit jours et se termina « le nuict de « le Penthecouste, xix de mai 1463 (4). »

Cet incident occupe dans les comptes du domaine,

---

(1) Il défendait aux échevins de mettre à exécution la dite sentence, à péril, pour eux, d'une amende de 200 marcs d'or. La neutralité plaçait ainsi la malheureuse cité « entre le marteau et l'enclume. »

(2) 1463-1464 : Frais communs, fol. 128.

(3) Id., chapitre Voyages, fol. 42.

(4) Id., Frais communs, fol. 128.

une place importante (1) par la fréquence et l'étendue des mentions qui lui sont consacrées.

Tout s'épuise avec le temps, les coutumes se perdent, les usages changent : pour l'abbaye des Cache profit comme pour toutes les institutions humaines arrive l'heure de la décadence.

Alors les hommes dévoués à la chose publique paient de leur personne essayant de relever une œuvre inutile désormais, qui s'éteint au moment où se développe un art dramatique plus complet, moins primitif, ceci tuant cela.

En vain on voit se placer à la tête de l'abbaye qui agonise, des notabilités bourgeoises, commerçantes et des magistrats. En 1496 c'est Jehan Rasse, lequel quinze ans auparavant, accompagné de deux de ses concitoyens, Marin et Belin, avait été député à Louis XI à Arras et à Maximilien Ier à Douai, pour en obtenir, — ce qui eut lieu, — le maintien de la neutralité du Cambresis dont la possession était aussi vivement convoitée par le roi de France que par l'empereur d'Allemagne.

En 1510 c'est Jehan de Hennin, d'une des plus nobles familles du pays, et trois ans plus tard receveur de la cité, qui est abbé. En 1511-1512 « par le « conseil et avis de plusieurs notables personnages de « le cité et ducé et pour plusieurs causes et raisons à ce « mouvans, » le vingtième est fait aux frais de la ville,

---

(1) Voir principalement au chapitre « Voyages » les folios 59 et verso, 61 verso, 62 et verso, 65 et verso, 67 etc. ; et aux « Frais communs, » les folios 128, 129, 134 etc. Tous ces articles tiennent trop de place pour pouvoir être transcrits ici.

outre les 209 livres donnés « à l'abbé Ernould « de Barbaise et à ses moines. » En 1515, l'abbé est « Jehan de Winghes escuïer; » contre l'usage il reste en possession de ce titre deux ans durant et le jour du vingtième 1516 ne donne pas, à cause de la misère du temps et de la peste, (1) « le gala » ordinaire. On le remplace par une messe célébrée aux frais de Messieurs de la loi et à laquelle assistent « les suppôts de Monsieur de Lescache. »

L'existence de la société éprouve des interruptions : de même qu'en 1505-1506 (2), en 1517-1518, il n'y a pas d'abbé.

Le Magistrat que préoccupe avant tout le soin des intérêts communaux, s'efforce de ne pas laisser s'éteindre une compagnie dont les relations se traduisent pour Cambrai en bénéfices de tous genres.

De 1519 à 1521 l'abbaye est « faite et gouvernée aux despens de la ville. » De 1522 à 1525 il n'est encore fait aucune mention de la joyeuse compagnie.

« L'an 1526 vers le saint Nicolas, en may, — dit un « manuscrit, — fut fait un abbé de *Le Cache pourfy*,

---

(1) Les pestes étaient très-fréquentes à Cambrai; le Magistrat avait institué dans ces tristes circonstances, un médecin spécial des pestiférés; on le reconnaissait à un long bâton blanc qu'il portait à la main. Il y avait aussi une « sage dame » ayant pour mission d'assister les femmes en couches atteintes de contagion; et des « porteurs » chargés de l'inhumation des pauvres. Tous recevaient par quinzaine, des appointements fixes, prélevés sur les deniers de la ville, et une certaine somme par chaque malade qu'ils soignaient ou enterraient.

Plus tard, au XVIIe siècle, on établit à cet effet une « chambre de santé. » (Voir les comptes de la ville des XVIe et XVIIe siècles).

(2) Voir plus haut une note à cette date, page 22.

« pour aller à Valenciennes a la feste du Prinche
« de Plaisance, qui se faisoit le dimanche 13 de may ;
« et était *abbé de Lescache Andrieu de Gand pourfy,*
« accompagné des plus riches bourgeois de la ville,
« tous vestus de rouge avec bonets de couleur de fleurs
« de lavande et estoient en nombre de cent chevaux
« sans les gens de pied qui y estoient sans
« nombre (1). »

Nouveau silence de 1526 à 1531, 1546 à 1559 et de 1565 à 1572.

En 1575 Roland de Bavay, celui qui recevra à sa table Louis de Berlaymont, est abbé (2). En 1581 c'est Hierosme Sart, qui sera collecteur cinq ans plus tard ; en 1583, Nicolas Sart avec Jehan Ducant pour prieur. On voit en 1585 Georges de Bernemicourt abbé et Pierre Gamin prieur.

En 1586, Noël de le Sauch et Jean Thieulet; en 1587 le seigneur Robert Blocquiel et le seigneur Nicolas Lefebvre; en 1588, Jehan Rosel et M. de Mœuvres ; en 1589, Adrien Bernard et Jehan Castellain (3) ; en 1590, Pierre Gamin et Jehan Millet ; en 1591, Michel de Hennin échevin, Jacques Desmaretz aussi échevin et Nicolas de Lignières quatre hommes, sont également, les premiers abbés, les seconds prieurs et le dernier sous-prieur.

Puis ce sont, en 1592, Robert Pierrin, et Jehan Prie, quatre hommes ; en 1593, Monsieur Pynon échevin et Hierôme de Lorteille quatre hommes; en

---

(1) Manuscrit n° 884, fol. 83. — Bibliothèque communale.
(2) Voir plus haut page 21.
(3) Il fut fait receveur de la ville en 1593.

1594, Jehan Canonne et Jehan Desmaretz, quatre hommes ; en 1595, Jacques Desmaretz et Nicolas de Linieres, quatre hommes; en 1597, Philippe Carlier abbé et Crespin Trigault prieur ; en 1599, Jean-Baptiste Laude échevin et « honorable homme Estienne de Quellerie, escuïer. »

C'est la dernière fois qu'il est question dans les archives communales, de l'abbaye des Cache profit. Les comptes de la ville ont gardé les noms d'un certain nombre de ses abbés, on en verra la liste en appendice.

Indépendamment de cette compagnie, il y eut encore à Cambrai d'autres sociétés de Rhétorique ou de joueurs sur car. Outre celles qui n'avaient pas de désignation particulière, et le Prince des folz du Palais ou Prince du Palais, et les Compagnons de la Licorne, toutes déjà mentionnées, on trouve successivement ou simultanément :

L'abbé de joyeuse folie et sa compagnie, 1436-1437.

Les Compagnons de Cantimpré (1) 1449-1450.

Le Maire de Crolecul ou Crollecul (2), 1449-1450 à 1531-1532.

---

(1) Châtellenie de la gouvernance d'Artois, enclavée dans le Cambrésis et située près de la porte que l'on nomme encore porte Cantimpré ou porte d'Arras.

(2) *Crosle cu*, secousse violente.

Il y avait à Cambrai une rue que la déclivité rapide du sol avait fait désigner sous ce nom qu'on a rendu depuis, par corruption, malséant à prononcer. Elle était habitée par une sorte de population qui n'avait aucune prétention aristocratique. On la nomme aujourd'hui rue Monstrelet, en souvenir du chroniqueur qui, né en 1400, fut prévôt de la ville de 1444 à sa mort, le 12 juillet 1453.

Les Compagnons, ou le Prince et les confrères, de Saint-Jacques, 1475-1476 à 1559-1560.

Le Prince du Glay (1), 1475-1476.

Le Prince du Crût, 1488-1489 à 1531-1532.

Le Comte des Hydeulx, 1500-1501 à 1536-1537.

Les Compagnons Bouchers (2), 1501-1502 à 1536-1537.

Le Maire du Quétiviez (3), 1500-1501 à 1559-1560.

Les Compagnons de rien n'épargne, 1516-1517.

Les Porteurs au sac (4) de Saint-Christophe, 1516-1517.

Les Compagnons de Plaisance, 1517-1518.

Le Prévôt des Coquins (5), 1530-1531.

Les Compagnons de Sens léger, 1533-1534.

Les Compagnons Sans Souci, 1536-1537 à 1546-1547.

Les Compagnons ou Gallans sans argent, 1534-1535 à 1544-1545.

Les Compagnons de peu d'argent, 1500-1501 à 1545-1546 (6).

(1) Glay ou glaïeul.
Le glay était à Cambrai, un lieu dit, sorte d'îlot situé à l'entrée de l'Escaut en ville.

(2) En 1515-1516, Bouchers de la Croix au Riez (au ruisseau), croix de justice située à la croisée des rues du Grand-Séminaire, de l'Epée, des Ecoles et de l'Aiguille.

(3) Nom d'un quartier de la ville, comprenant les rues Saint-Fiacre, aux Miracles, de la Neuve-Tour, l'Impasse aux Nattes, etc., où se réfugiaient les gens sans profession avouée et de ressources chétives (quétives).

(4) Portefaix.

(5) Des mendiants.

(6) Ces deux sociétés n'en formaient peut-être qu'une, vu la similitude de leur désignation.

La Bande joyeuse, 1539-1540.

Le Prince d'Amour, 1580-1581.

Plusieurs de ces associations ont eu une existence intermittente, disparaissant pour un temps plus ou moins long entre les diverses dates auxquelles on les retrouve, d'autres se sont maintenues sans interruption.

Il en est aussi qui nées de l'occasion, sans doute, ont dédaigné de prendre un nom, peut-être parce qu'elles ne vécurent qu'un jour. On en rencontre souvent mentionnées, entre 1435 et 1548, comme ayant joué sur car des jeux de personnages, des farces, des jeux de barre etc. Il suffira d'indiquer les faits les plus saillants de leurs annales.

« Le iij^e jour de juin 1435, qui fut le jour de le « procession de ceste cité (Fête-Dieu), » on donne huit pots de vin de douze lots, « aux compaignons qui « ledit jour avaient fait les signes et remembranches « de le passion Nostre Seigneur, devant le maison « Pierre Bullecourt, » (sur le Grand Marché). C'était ce que l'on appelait un « mystère sans parler (1). »

---

(1) D'autres mystères avaient été et étaient représentés à Cambrai, comme partout ailleurs, dans les églises. Dans son « *Histoire artistique de la Cathédrale de Cambrai*, » M. J. Houdoy cite entre autres, se rapportant à ce sujet, l'article suivant emprunté aux « Comptes de l'office de la Fabrique » :

« 1375 — Pro misterio ressurectionis ad ordinandum Jh̄m vide-
« licet uno pari socularum et cirothecarum (gants) et tonitruo
« facto vii s.

« — Mag. Hⁱ (Henri) pictor pro picturis in resurrectione xv s.

« — Pro gratuitate facta sociis qui facerunt personnagia
« in dicto misterio, xxx s., etc., » (page 163).

Une autre compagnie rapporte, le 2 juillet 1439, le prix offert aux jeux de personnages, à Gand, où elle était allée concourir, en compagnie du serment des arbalétriers.

En 1448, le 19 août, c'est « Jehan de Condet, dit Petit Jehan, » qui revient avec ses compagnons, de Valenciennes où ils « avaient gaigné un très bel prix « d'argent au puy Nostre Dame de le Cauchie » (la chaussée). Il le « présenta à mesdis seigneurs de la loy » qui le lui rendirent en y ajoutant deux pots de trois lots de vin.

En 1460, le Magistrat récompense par le don de douze livres tournois « les compaignons qui en grant « nombre juerent (le 20 mai) le vie de Marie-Madeleine, « pour les festes de le Penthecouste; en ayde et « subvention des grands frais et despens qu'ils « portent. » — C'était cette fois un vrai mystère.

Le 17 août 1480, ce sont d'autres « compaignons rhétoriciens » qui reviennent de Douai avec un certain prix d'argent gagné « à la Notre Dame de mi-aoust. »

En 1523, le jour de Sainte Scolastique, un nommé Beloni et ses camarades jouent « sur car devant « la chambre et ailleurs, en le cité, certain jeu « de moralité. »

En 1527, le vingtième, viennent les joueurs de l'épée et du bâton ci-devant mentionnés. — On verra en 1566-1567 et en 1605-1606, les joueurs d'escrime de « cette cité » donner également spectacle au peuple.

En 1547-1548, Gérit du Quesne et ses « acolytes « joueurs sur car » de « farces et aultrement, » vont, « au commandement de Messieurs et selon le volloire

« de Monsʳ Révérendissime, » au Câteau-Cambresis où ils restent quatre jours à l'occasion de « la venue « de Monseigneur le duc d'Arschot, sa femme et « et aultres princes affin de leur bailler récréation et « esbatement (1). »

L'opéra qui ne devait guère éclore qu'environ un demi-siècle plus tard, était-il donc en germe déjà ? on voudrait le croire, en voyant le jour de la publication de la paix du Câteau-Cambresis (2), en 1558 (vieux style) « six compaignons chantres à plaisir, » chanter et offrir « récréation au peuple. »

Le théâtre dont il a pu être question jusqu'à présent, avait donné toute la mesure de sa valeur entre le XVᵉ et le XVIᵒ siècle. Vers le milieu de ce dernier, la Renaissance ramenant le goût et l'étude des œuvres de l'antiquité, opérait la grande transformation littéraire. Les anciens mystères, les jeux de personnages, seuls aliments scéniques d'une époque qui s'évanouissait, faisaient place, dans l'ère qui s'ouvrait, à la tragédie, à la comédie.

Ces formes nouvelles se substituaient aux dialogues entre *Bien et Mal avisé; Chair et Esprit; Bonne fin et Mal fin;* au *Débat de la Paix et de la Guerre;* au *Jeu de la paix;* ceux-ci joués devant l'abbé et les moines de l'abbaye de Saint-Bertin, le premier en 1524, le second l'année suivante (3), et de bien

---

(1) Du 6 septembre 1527 au 15 mars 1537, le marquis d'Arschot avait été, moyennant 300 livres par an, *Bienveillant* de la ville, c'est à dire chargé de la défendre contre les entreprises du dehors attentatoires à sa neutralité.

(2) Entre la France et l'Espagne.

(3) E. Fleury : *Origines etc.*, page 121.

d'autres de même genre. On entrait dans le domaine de l'histoire et de l'analyse des sentiments et des passions. Les conceptions naïves que tous comprenaient sans effort, gens des villes et des campagnes, font place à des données plus savantes, mieux charpentées et où l'intrigue apparaît, se déroulant dans un langage plus correct.

Les écoles ouvertes par les soins du clergé sacrifient aux règles nouvelles : elles deviennent comme les moyens de transition entre « le passé et le présent, » et coopèrent puissamment à la transformation par le genre de leurs études et leur science plus profonde, que les écoliers mettent en pratique en se faisant acteurs.

En 1553-1554 « Les enfants d'escole de Saint-Géry, » jouent, au vingtième, « des jeux en la chambre haute de Messieurs. »

Philippe Majoris, doyen de l'église Notre-Dame de Cambrai, avait fondé, l'année même de sa mort, en 1555, à Cambrai, un collège pour les étudiants pauvres (1); le jour de Sainte-Scolastique 1566, ils jouent à leur tour « en la chambre de Messieurs, » et reçoivent, « en récompense des mises qu'ils ont soutenues, » cent sous tournois.

Quatre ans après, à pareil jour de 1570, ils donnent

---

(1) Par l'acte de fondation portant la date du 20 janvier, Mᵉ Majoris léguait à la ville 1,000 livres de 40 gros (la livre de gros, monnaie de compte, valait 6 florins ou 7 l. 10 s. t.) pour l'acquisition des bâtiments et l'entretien de 12 bourses, deux pour les gages du maître et les autres pour la subsistance de 10 enfants pauvres, etc., etc. (Voir *Le Collège de Cambrai, 1270-1882*, par A. D.).

de nouveau au Magistrat, « la récréation d'une comédie en latin, » ce qui leur vaut cent dix sous tournois de gratification.

L'année suivante c'est une autre comédie et farce qu'ils exécutent et on leur octroie en remerciement cent sous encore « pour faire leur raton (1). »

Puis, ce sont les enfants de chœur de Notre-Dame qui donnent aux échevins le spectacle de « quelque farce, » et le jour des caresmeaux, ceux de Saint-Géry qui les réjouissent de même.

La chose plaît, car les uns et les autres recommencent aux jours gras de 1577 et en 1578.

Enfin, en 1598, le recteur du collège « joue quelque comédie avec ses enfants. »

Le goût du théâtre s'accroît; Messieurs ne laissent échapper aucune occasion de le satisfaire.

Rétrogradons de dix ans en arrière :

En 1588, ce sont pour la première fois, pensons-nous, des comédiens de profession qui, « à la venue de son Altesse, » le duc d'Alençon, reçoivent quinze livres, disent les comptes d'impôts (2), pour avoir « représenté, » le 16 août, jour anniversaire de la levée du siège de la ville par ce prince, sept ans auparavant, en 1581.

---

(1) Sorte de crêpe ; mélange de farine, de lait, d'œufs et de levure de bière qu'on fait cuire en couche mince dans du beurre bruni dans une poêle et que l'on sucre. Ce mets se mange principalement pendant les jours gras.

Cette pâtisserie à surface mamelonnée a fait dire — en termes populaires — par comparaison, d'une personne dont l'épiderme est bourgeonné : « Elle a la peau comme un raton. »

(2) Comptes des impôts, 1587-1588, fol. 31 v.

Suivant les mêmes comptes (1), en 1593 « Adrien
« Talmy et ses compaignons joueurs de comédies,
« ayans donnez représentation à Messieurs, » sont
gratifiés, le 28 septembre, de huit livres tournois.

En 1599, le 15 janvier, une ordonnance alloue
« à Jehan Lefebvre et ses compaignons » huit livres
« pour quelque comédie par eulx jouée en présence
« de Messieurs le jour du xxe. » Le 20 juillet suivant,
nouvelle représentation donnée par des comédiens
— suivant le compte du domaine — devant le
Magistrat, en la maison échevinale (2).

En 1601, reparaît le recteur du collège, donnant
la comédie à Messieurs, dans la maison de paix « avec
ses disciples et escolliers, » et quelque temps après,
le 19 septembre, jouant par devant les mêmes
« en publiq avec ses enfants et acteurs, » une
tragédie (3) !

— Que nous voilà loin des joueurs sur cars (4).

---

(1) Id., 1593-1594, fol. 14.

(2) On trouve à la même date, comme autre spectacle donné au
Magistrat, « un certain étranger qui joue avec une bête sauvage
« qu'il appelait Fabien, » (fol. 23).

(3) Comme il faut varier, l'année suivante, c'est à dire en 1602,
un « certain personnage de Mæstreict accompagné de ses assistants
« fait plusieurs saultz périlleux et récréatifs en présence de
« Messieurs en leur salle. » (Fol. 72). — Voir aussi 1604-1605,
fol. 99.

(4) Ces sociétés ont laissé des traces jusqu'à nos jours. Il existe
encore à Enghien dans la province de Hainaut (Belgique), une
association de ce genre, dite : *Société des Élèves de Rhétorique* ou
Société dramatique de Saint-Genet, reconstituée en 1801 et dont
l'origine remonte au XVe siècle. (*Annales du Cercle Archéologique
d'Enghien*, t. 1er, 3e livraison, page 348). — Un théâtre de Gand

En 1604, le 19 de mai, de nouveau, des « comédiens italiens et françois, » reçoivent douze livres, « pour assister à payer partie de leurs frais. » On voit que la subvention est de l'histoire ancienne. En 1605-1606 d'autres comédiens français reçoivent également douze livres tournois.

En 1614, le dernier de septembre, les comptes mentionnent encore la venue d'autres comédiens.

De leur côté, les Jésuites alors puissants, depuis longtemps déjà, en faisant entrer dans le programme de leur enseignement, l'art dramatique, apportaient à sa perfection l'appoint de leur savoir incontestable.

Il était possible à tous d'en juger, les Pères laissant la facilité d'assister en payant à leurs représentations théâtrales. On connaît d'ailleurs ce quatrain de Loret, l'auteur de *la Gazette rimée*, qui en donne la preuve quand il dit :

> « Au collège de Saint-Ignace
> « Où dans une assez bonne place,
> « Je me mis et me cantonnai,
> « Pour quinze sols que je donnai. »

Au commencement du XVIIIe siècle, en 1704, des religieuses de la congrégation de Saint-Antoine

---

portait encore en 1831, à son frontispice, ce mot *Rhétorique*. (*Guide des Voyageurs à Gand*, par A. Voisin, page 160.) — Enfin, dans les premières années de ce siècle, il existait encore dans l'arrondissement de Lille, des *Confréries dramatiques*, parcourant les campagnes pour y donner des représentations de « pieuses farces, » quelquefois peu décentes, en patois du pays. (*Statistique du Département du Nord* par Dieudonné, préfet. — T. III, page 101, à la note).

de Padoue (1), fondée à Valenciennes par Françoise Badar, étaient venues ouvrir à Cambrai, rue Scachebeuvons (depuis de la Comédie, aujourd'hui du Petit-Séminaire), une maison d'éducation. On y enseignait à lire, à écrire et à travailler aux filles riches moyennant finance, et aux pauvres pour l'amour de Dieu.

La directrice, demoiselle Duchâteau, se souvenant peut-être des demoiselles de Saint-Cyr, faisait représenter par ses pensionnaires, le 26 mai 1707, devant Messieurs, une comédie qui leur était dédiée et pour laquelle on donnait le lendemain, en remerciement, une collation aux jeunes artistes.

Après le traité de la quadruple alliance, signé à La Haye le 17 février 1720, « il s'agissait de régler « — dit Saint-Simon — ce qui n'avoit pu l'être à « Utrecht entre l'Empereur et l'Espagne, et quelque « suite de ce qui l'avoit été à Bade. » On convint à cet effet d'assembler un congrès. Après bien des contestations, ce fut Cambrai que l'on choisit pour lieu de réunion.

L'influence du cardinal Dubois qui, après la mort

---

(1) On les nommait vulgairement les Badariennes, du nom de leur fondatrice. Elles étaient au nombre de onze et recevaient à demeure, dans leur maison, des filles riches payant pension.

Ces religieuses furent reconnues par lettres patentes du mois de juin 1752. Elles jouirent dès 1713, d'une gratification annuelle de 300 florins qui leur fut retirée en 1765, puis rendue peu après.

Elles disparurent en 1789.

On voit encore dans l'une des caves du Petit-Séminaire actuel, bâtiment dont la congrégation avait augmenté l'importance en cette même année 1789, les pierres tumulaires de plusieurs membres de l'association, entre autres celle de damoiselle Duchâteau, de Valenciennes, leur première supérieure à Cambrai.

de M. de La Trémoille, se faisait donner, en 1720, l'archevêché de Cambrai, n'avait pas été étrangère à ce choix fixé l'année précédente. Bientôt « tous les ambassadeurs et tous les cuisiniers de l'Europe » se trouvaient réunis dans cette ville.

Les plénipotentiaires, accompagnés d'une suite assez nombreuse, y attiraient, par leur caractère ou leurs relations et plus encore par les fêtes qu'ils donnaient tour à tour, nombre de personnages notables et.... autres, du dehors (1). En y joignant les officiers des troupes de la garnison, on trouvait une population flottante à laquelle la vie monotone d'une petite ville de province ne pouvait offrir spontanément de bien vives ni bien nombreuses distractions.

Le cas avait été prévu, paraît-il, car dès la fin de 1749, le Magistrat recevait des ordres pour se procurer un emplacement convenable à l'érection d'un théâtre, afin de distraire les nobles étrangers (2). L'administration communale ayant en vain cherché par toute la cité un lieu propice, se vit contrainte de prendre, dans l'hôtel de ville même, la grande halle.

---

(1) « Les nobles des villes circonvoisines accouraient à ces fêtes. « Plusieurs fois les dames venaient la nuit de Douai et d'ailleurs, « en carosse, vêtues en habits de masques toutes prêtes à entrer « dans le bal. Mais à la fin, plusieurs filles de basse condition se « mêlant avec les autres masques, on dit que cela dégoûta ces « excellences et les fit abandonner la grande salle de la maison de « ville qu'ils avaient choisie pour leurs divertissements. Ils donnè- « rent dans la suite des repas chez eux. »

(*Mémoires chronologiques*, page 45).

(2) Mémoire du Magistrat au comte de Nicolay, lieutenant-général des armées du Roi, commandant en Hainaut et en Cambresis 1764. (Archives communales EE, III, artillerie).

Celle-ci, depuis 1711 (1) servait d'abri aux affuts de canon de l'artillerie de la place ; l'autorité supérieure prescrivit le transport de tout ce matériel dans un nouveau local que la ville loua à cet effet pour le mettre au service de l'artillerie (2). L'installation du théâtre fut bientôt complète. En même temps on augmentait la partie de bâtiment occupée par le concierge et on l'appropriait au logement des comédiens (3).

Les diplomates organisaient des concerts auxquels prenaient part les officiers du régiment de Dauphin infanterie, conjointement avec les artistes italiens que le marquis de Beretti-Landi, second ambassadeur d'Espagne, avait à sa solde particulière ; sur la scène, la troupe des « comédiens de Leurs Excellences, » comme elle s'intitulait, dirigée par le même de Beretti, donnait des représentations.

Le répertoire était celui du temps.

Cette époque du théâtre à Cambrai, n'aurait offert sans doute aucune autre particularité curieuse, sans la venue, en ce même temps, de Voltaire dans cette ville.

Sous le prétexte d'aller voir à Bruxelles Rousseau, dont il plaignait les malheurs, mais en réalité dans l'espoir d'obtenir de Dubois, alors premier ministre,

---

(1) En 1711, lors de la séparation de l'armée campée à Noyelles-sur-l'Escaut, pour prendre ses quartiers d'hiver, on prêta la halle à l'artillerie, contre une reconnaissance écrite de M. Destouches, brigadier, lieutenant-général de l'artillerie de France, commandant dans les places de Haute-Meuse et à l'armée de Flandre. — Ce fut pour le Magistrat une suite interminable de discussions. (Id. id.)

(2) Voir les extraits des comptes de 1721 à 1725.

(3) Compte de 1725, fol. 61.

une mission politique (1), le jeune Arouet accompagnait à titre « d'ami » (2), la marquise de Rupelmonde, alors veuve, qui se rendait en Hollande. Les deux voyageurs arrivaient à Cambrai en juillet 1722 (3). Un soir qu'ils soupaient chez madame de Saint-Contest, femme de l'un des deux ambassadeurs de France qui logeait à l'abbaye Saint-Aubert, la compagnie, la belle de Rupelmonde en tête, manifesta le désir de voir jouer *Œdipe* en présence de l'auteur qui n'avait alors que vingt-huit ans.

« *Les Plaideurs* de M. de Racine, » avaient été annoncés pour le lendemain, sur la demande du plénipotentiaire de l'Empire, M. de Vindisgraetz, qui n'assistait pas au souper. C'est alors que Voltaire, dont l'esprit n'était jamais au dépourvu, rima sur un coin de la table, la requête suivante au premier ambassadeur impérial (4) et qu'il porta lui-même :

« Seigneur le Congrès vous supplie
« D'ordonner tout présentement
« Qu'on nous donne une tragédie
« Demain pour divertissement.
« Nous vous le demandons au nom de Rupelmonde :
« Rien ne résiste à ses désirs ;
« Et votre prudence profonde
« Doit commencer par nos plaisirs
« A travailler pour le bonheur du monde. »

M. de Vindisgraetz logeait rue St-Georges ; il fit sur

---

(1) Lettre au cardinal Dubois. — Correspondance générale n° 47. Voir aussi lettre n° 45, mai 1722. (*Œuvres complètes de Voltaire.* — Edition du *Siècle*. — T. VII, p. 321).

(2) *Les deux Amours* (Poésies). — T. VI, p. 628.

(3) Après le 15 ; la lettre de Voltaire n'indique pas le jour.

(4) Le second était le baron de Peintérider.

le champ à Voltaire la réponse suivante, où « l'esprit « français avait fait heureusement éclater l'esprit « germain : »

> « L'amour vous fit, aimable Rupelmonde,
> « Pour décider de nos plaisirs ;
> « Je n'en sais pas de plus parfait au monde
> « Que de répondre à vos désirs.
> « Sitôt que vous parlez on n'a pas de réplique :
> « Vous aurez donc *Œdipe* et même la critique.
> « L'ordre est donné pour qu'en votre faveur
> « Demain l'on joue et la pièce et l'auteur. »

Le poëte avait insisté pour qu'on accompagnât son œuvre de la parodie que l'on en avait faite : le lendemain on joua donc « et la pièce et l'auteur (1). »

Le 10 septembre, Voltaire quittait Cambrai où, s'il faut l'en croire, « il fut reçu beaucoup mieux » qu'il ne l'avait jamais été « à Paris (2). » Il repassait par la ville archiépiscopale le 30 octobre suivant (3).

L'année d'après, le 10 août 1723, Dubois mourait sans avoir donné « à Cambrai de bénédictions. » Cet évènement n'interrompit point le cours des représentations : elles se prolongèrent jusqu'au complet avortement du congrès. Quand M. de Saint-Estevan, ambassadeur d'Espagne, arrivé le premier, quitta le dernier la ville, le 5 juin 1725, celle-ci était retombée dans son calme ordinaire ; le théâtre qui pour la première fois avait possédé une troupe sédentaire, demeurait inoccupé et un an plus tard, vers le com-

---

(1) Poésies, — pages 626 et la note. *Œuvres complètes de Voltaire, etc.,* T. VI.
(2) Lettre à Thiérot, 10 septembre 1722, n° 49. T. VII, p. 322.
(3) Id. Lettre à Mademoiselle ***, n° 55, p. 323.

mencement de 1727 (1), l'artillerie malgré l'opposition et les réclamations du Magistrat, reprenait, de force, possession de la halle.

« Les comédiens de leurs excellences » avaient mis tout à fait les Cambresiens en goût de spectacle; en août 1746, il y a certainement à Cambrai une troupe d'acteurs venant de Saint-Quentin où ils avaient séjourné (2).

En 1749 disent les *Mémoires chronologiques*, « les comédiens vinrent, au printemps, représenter « leur comédie dans l'hôtel de ville. Beaucoup de « gens oisifs et surtout des officiers de la garnison, qui « était alors fort nombreuse (3), ne manquèrent pas « d'en profiter. » Malgré les efforts du clergé pour faire cesser ces représentations, elles durèrent jusqu'à ce que la « comédie tombât d'elle-même, » moins d'un an après.

L'artillerie forcée de nouveau à céder devant les circonstances, avait dû laisser remonter le théâtre. Mais pour constater d'une manière permanente le droit qu'elle s'était arrogé (4), elle avait exigé qu'un affût de canon restât en évidence dans la salle, durant le cours des représentations, puis était rentrée dans son occupation plénière. D'ailleurs de l'aveu même

(1) Mémoire du Magistrat au ministre de la guerre 1757. (Archives — Artillerie).

(2) G. Lecocq : *Histoire du Théâtre de St-Quentin*, page 54.

(3) A cause de la réunion des troupes légères, pour leur réforme. (Mémoire au comte de Nicolay, (1764).

(4) Mémoire du Magistrat au Ministre de la guerre, 1er février 1757.

du Magistrat les représentations étaient rares à Cambrai (1).

A cette époque les troupes nomades sont partout organisées, desservant les principales villes. C'est alors qu'en 1763, pour éviter de nouvelles luttes dans lesquelles l'administration communale n'était, au demeurant, jamais la plus forte, on transportait le théâtre dans la « salle des canonniers, » au second étage de l'ancien hôtel de ville, c'est-à-dire sous les combles. Ce nouvel aménagement avait coûté 214 florins 11 patars (2). On peut juger par la modicité de cette dépense de ce que pouvait être une salle dont le comte de Montbarey, commandant la place, blâmait « l'indécence et l'insuffisance (3). »

Ce théâtre était exploité par la troupe de Gaspariny. Celui-ci se donnait le titre de « directeur de la comédie françoise (4), » ce qui laisse supposer que des compagnies bouffes italiennes, parcouraient également la province. Gaspariny est encore à Cambrai le 8 octobre ; et lorsqu'il quitte peu après la ville, c'est en annonçant l'intention d'y revenir en janvier 1764.

(1) Lettre du Magistrat aux maïeur et échevins d'Arras, en réponse à une demande de renseignements, 11 novembre 1763. (FF. Police des théâtres. — Privilèges.

(2) Compte de la ville, 1763-1764, fol. 21.

Le florin valait 1 fr. 25 c. ou 20 patars, et le patar 12 deniers.

(3) Lettre du Magistrat à M. de Blair de Boisemont intendant de la province. — 5 juillet 1764. DD. III. 7e.

(4) Réclamation devant le Magistrat de Cambrai, par Bertrand, maître tailleur de l'opéra de Paris, d'une somme de 58 livres 2 sous, qui lui est redue par Gaspariny « direteur de la comedie « françoisse de Cambray, » pour fourniture de costumes. (FF. Police des théâtres : Privilèges, à la date indiquée).

Mais la maladie du directeur et celle de l'un de ses sujets, Chamilly, mettent cette intention à néant. Le privilège est accordé à la troupe de Valenciennes; puis le 5 avril, Madame Victoire qui a repris la suite des affaires de feu Gaspariny, offre aux Cambresiens un répertoire de « tragédie, comédie et opéra bouffon; » elle est autorisée à représenter (1).

Le local où se donnait en dernier lieu la comédie, avait été rendu aux canonniers. C'est sans doute alors qu'il faut placer, selon une tradition purement orale, l'existence d'une salle de spectacle voisine de la rue Saint-Georges et, construite ou appropriée dans un quartier mal famé touchant le rempart, vers la porte St-Sépulcre ou de Paris, quartier qu'on nommait « le pré Despagne. » Cette désignation lui venait du nom d'un occupeur du terrain, un blanchisseur de toilettes (2). Les finances communales n'avaient été pour rien, faut-il croire, dans cette entreprise, car les comptes du domaine n'en font nulle mention. Cette situation excentrique peu favorable, eu égard à l'heure où finissait le spectacle, dans une ville de garnison où l'éclairage public devait se faire attendre vingt ans encore, avant de recevoir un commencement d'application (3), permet de douter en tous cas,

(1) FF. Police des théâtres: Priviléges, à la date indiquée.

(2) Lettre de l'abbé Joseph, abbé de Saint-Sépulcre, du 6 septembre 1714. — « En 1729 la famille Despagne possédait encore une blanchisserie dans Cambrai. »

(*Recherches historiques sur la villa de l'abbaye du Saint-Sépulcre etc.*, par V. Delattre, pages 16 et 18).

(3) Les premiers réverbères furent placés à Cambrai en 1783. — Archives communales, DD. IV. Eclairage public.

de la prospérité du théâtre du pré Despagne (1).

Pour répondre aux exigences de l'opinion publique, le Magistrat se vit contraint de songer à l'érection d'une salle de spectacle plus convenable. En 1769, le 5 octobre, un contrat est passé dans « l'hôtel commun » (hôtel de ville) entre Claude-Louis-François de Gillaboz et Jean-François Lussiez, échevins sortant de semaine, Pierre-Louis-François-Marie Canonne Dhézecque, procureur syndic, Dominique Clauwez, collecteur, tous composant la chambre du domaine pour l'administration des biens communs de la cité, d'une part; et Guillaume Jacquet (2), maître de danse, et Thérèse Bodin sa femme, d'autre part; pour la construction, sur la Place au Bois, d'un théâtre,

(1) Pour ajouter, semble-t-il, à la répulsion que ce quartier devait inspirer, on y avait établi un cimetière pour les soldats de la garnison en 1749; c'est du moins ce qui résulte d'un article du compte du domaine pour 1748-1749, signalant l'adjudication faite le 10 mai de la dernière année, pour les travaux de maçonnerie et de charpente nécessités par ce funèbre établissement (fol. 36).

— Malgré cette tentative et celles qui la suivront pour transporter le théâtre hors de l'hôtel de ville, il ne cessa pas de sitôt de donner asile aux spectacles forains du moins ; ce ne fut que le 6 décembre 1777 que le magistrat prit la délibération suivante :

« Sur les représentations faites à la chambre par Messieurs les
« semainiers, des inconvénients et scandales qui résultoient des
« permissions que l'on accordoit aux baladins et autres passagers
« en cette ville de faire voir au public leurs spectacles et autres
« curiosités dans une des chambres de l'hôtel de ville ;

« Il a été délibéré qu'à l'avenir il ne seroit plus accordé sous
« tels prétextes que ce soit, aucune permission à ces sortes de
« personnes, de s'établir à cette fin dans le corps de l'hôtel de
« ville. » (FF. Police des spectacles).

(2) En cette même année, une demoiselle Jacquet était depuis 1755 déjà, pensionnaire de l'Opéra, et touchait annuellement de ce chef 1,000 francs par an.

dont ceux-ci avaient soumis les plans à l'approbation du Magistrat, pour y « représenter et donner tous spectacles, bals et concerts publics (1). »

Ce théâtre devait mesurer 80 pieds de long sur 36 de large.

Comme loyer du terrain à eux concédé pour 99 ans, au bout desquels le Magistrat se réservait de continuer ou de reprendre le privilége, les époux Jacquet s'engagent pour eux et leurs hoirs, à payer à partir de la première représentation de comédie, une redevance annuelle de 25 patars (2). La modicité de cette redevance, perçue pour le principe, était motivée par les grands frais que devait entraîner pour les entrepreneurs la réalisation de l'entreprise. Toute liberté leur était laissée pour les engagements à intervenir entre eux et les comédiens, musiciens et autres, pourvu qu'ils n'en exigeassent « pas plus de 24 livres « de France par chacun bal, 12 livres par représen- « tation de comédie et 6 livres par concert. »

On permettait de plus à Jacquet et à ses ayant-cause, de solliciter des Etats l'exemption d'impôts sur 1,200 livres de brai (3) et sur une pièce de vin. La salle devait être achevée « en dedans trois ans, » à dater du jour du contrat, « le tout sous le bon plaisir de l'intendant (4). »

---

(1) Archives communales, série DD III. — Edifices publics, théâtre aux dates indiquées.

(2) 1 fr. 5625.

(3) Ou sur un brassin de bière.

(4) Archives DD, id.

Mais, le Magistrat s'était trop hâté de conclure; le Parlement le fit avertir le 8 octobre, qu'il ne pouvait procéder à l'aliénation du bien communal, avant qu'il n'ait été prononcé sur les lettres patentes concernant la jouissance des droits des archevêques et du chapitre (1). C'était l'effet du procès, toujours pendant, intenté en 1765 à l'autorité communale par l'archevêque de Choiseul, en revendication de la seigneurie temporelle de la ville et des privilèges qu'elle comportait (2).

Il ne fut pas donné suite à ce projet d'édification, bien que l'entrepreneur qui s'était vanté de terminer sa construction pour la « Sainte Catherine » de la même année, eût déjà fait ouvrir les tranchées de fondation, travail qu'il dut interrompre avant le 15 novembre (3).

L'année suivante, le 15 janvier 1770, François-Joseph Fontaine, hôte de l'auberge du *Lion d'Or*, sur la grand'place, annonçait au Magistrat l'intention où il était de transformer son hôtellerie en salle de spectacle. En raison des grandes dépenses qu'il allait faire à cet effet et eu égard à l'embellissement que cette transformation apporterait sur le Grand Marché, il demandait qu'il lui fût garanti outre le privilège « privativement à tous autres, des comédies, bals, concerts et redoutes, » l'exemption d'impôts conforme à celle que l'on accordait dans les autres villes aux entreprises du même genre.

(1) Id., id. Lettres de M. de Francqueville d'Abancourt, conseiller au Parlement.

(2) Voir notre notice sur les *Archives communales*.

(3) Archives — FF théâtre. Privilèges, à cette date.

Le 6 juillet il soumettait les plans de son théâtre aux échevins, le 18 septembre la permission demandée lui était accordée, et le 25 du même mois un acte réglant les droits des parties, était passé entre la Chambre du domaine et l'hôtelier.

Les conditions étaient les mêmes qu'avec Jacquet, sauf l'emphytéose et la redevance qui ne pouvaient exister dans l'espèce, l'entrepreneur étant propriétaire du fonds. On exigea par mesure de sûreté au cas d'un incendie de la salle, que celle-ci eût une seconde issue autre que l'entrée principale. Cette seconde issue serait ouverte sur la petite rue Saint-Martin (1).

La salle devait avoir 40 pieds de largeur sur 60 de longueur. Elle était par la disposition des constructions premières « détachée des batiments collatéraux. » En voici la description, curieuse par le style, empruntée aux indications fournies par le propriétaire même :

« Au fond il y aura un grand théâtre dont le fond
« représentatif d'un magnifique palais ou d'un
« superbe portique, relevé par dix ou huit coulisses
« collatérales transfiguratives et adaptées par leurs
« attributs à différents genres de spectacle.

« Le frontispice de ce théâtre (de la scène) sera
« exhibitif de deux grandes figures sur les côtés,
« représentatives de deux déesses environnées des
« trophées du théâtre, avec une guirlande par le haut,
« séparée au milieu par les armes de la ville ; un
« grand rideau artistement apprêté et magnifiquement
« peint avec une devise attributive aux figures dont il

---

(1) Au n° 4 actuel.

« sera exhibitif et telle ou à peu près pareille : *Hic
« bene miscentur dulci utile seria ludo*, terminera la
« scène...... Bien des agréments y accéderont et
« entre autres deux grandes décorations complètes,
« dans le genre le plus nouveau, et en même temps
« le plus secourable aux différents genres de repré-
« sentations.

« Deux beaux rangs de loges, magnifiquement
« décorés et dans le goût des principales villes
« circonvoisines, iront se perdre dans un amphi-
« théâtre dont la grandeur et l'ornement correspon-
« dront à la richesse et aux agréments du théâtre
« au bas duquel il y aura un très-beau parterre ;
« et observant que le tout sera bien éclairé par
« de superbes lustres (1). »

Aucune pièce n'affirme l'exécution de toutes ces
« magnificences. » Néanmoins les représentations
n'avaient pas cessé ; une demande de donner spectacle
de « tragédie, comédie et opéra, » pendant deux mois,
était adressée de Paris, le 6 mai 1772, par un certain
Dumeny logeant « rue des Mathurins, à l'hôtel de
la Cour impériale, proche la rue de la Harpe (2). » Sa
troupe — écrit-il au Magistrat — « est une société
« de bonnes mœurs, gens à talent, et qui n'épar-
« gneront rien pour que le public et vous soyez

---

(1) Archives DD. Théâtre. Date indiquée.

Tous les détails relatifs à ce projet, sont empruntés à la liasse portant la date de 1770.

(2) Toutes les indications relatives aux troupes qui ont représenté à Cambrai, sont prises dans la série FF, police des théâtres, — Privilèges, — aux dates indiquées.

« satisfaits. » Rien n'indique que cette demande ait été accueillie.

Le 19 mai 1772, autre requête de Deschamps et Casimir qui désirent représenter sur le théâtre « pendant la tenue des Etats (1). » Le dimanche 14 juin, les deux associés arrivent à Cambrai, de Valenciennes où ils avaient dû laisser partie de leur troupe, jouant ce même jour dans cette dernière ville; ce qui les empêche de « donner un spectacle aussi bien choisi » qu'ils l'auraient désiré. « Mais — ajoutent-« ils dans une lettre du 13 annonçant leur venue — « nous tâcherons d'en dédommager le public lundy « et les jours suivans par des représentations plus « agréables. »

Le programme de cette « première » a été conservé, le voici textuellement :

« Par permission de Messieurs les Magistrats de « cette ville

« Les comédiens établis à Valenciennes feront « l'ouverture de leur théâtre demain 14 juin 1772 par

« LES CHASSEURS ET LA LAITIÈRE

« opéra bouffe en 1 acte (2), suivi

« de MAZET

« comédie mêlée d'ariettes en deux actes, musique « de Duny.

« L'on commencera à 5 heures et demie.

---

(1) Les Etats étaient convoqués pour le 15 juin; la clôture de la session eut lieu le 20 juillet.

(2) Paroles de Anseaume, 1763.

« En attendant LUCILE et TOM-JONES (1).

« Aux prix ordinaires.

« Les directeurs de la comédie n'oublieront rien
« pour mériter les bontés et le suffrage du public
« respectable devant lequel ils vont avoir l'honneur
« de paroître (2). »

— On voit que la réclame ne date point de notre époque.

La troupe continua de desservir les deux villes, car le 21 du même mois, dans une nouvelle lettre datée encore de Valenciennes, les directeurs font savoir que « l'indisposition de l'un des principaux acteurs jouant dans *L'amoureux de quinze ans* (3); » les forçait d'en retarder la représentation jusqu'au samedi suivant.

Le 11 mars de l'année 1773, la troupe du « sieur Nicolas Hebert, » directeur de la comédie d'Arras et de Cambrai joue dans cette dernière ville, tel qu'il appert d'une sommation adressée à un certain Deprez tenant l'emploi « d'haute contre, c'est à dire les amoureux d'opéra bouffon, » d'avoir à remplir son rôle.

Le 19 du même mois Dorival demande de Calais, où il se trouve, « le privilège exclusif de la comédie et
« bals jusqu'au jeudy veille des Rameaux de l'année

---

(1) Musique de Philidor.

(2) FF. Théâtre. — Privilèges.

(3) *L'amoureux de quinze ans ou la double fête*, comédie en 3 actes, en prose, mêlée d'ariettes, par Laujon, musique de Martini, représentée pour la première fois en 1771, sur le théâtre de la Comédie italienne.

« 1774, » de façon qu'il puisse « avoir droit sur tous « les spectacles qui pourront venir en cette ville de « Cambray » pendant la durée de ce privilège (1).

On manquait toujours d'une salle de spectacle digne de ce nom.

En cette année 1773, après avoir à deux reprises sollicité la chambre, maître François-Alexandre Goury, procureur au siège de Cambrai, Jeanne-Marguerite Ladrierre (2), veuve Lefebvre, sa belle-mère et Antoine et Claire Lefebvre, ses beau-frère et belle-sœur, s'adressent une troisième fois, le 28 juin, au Magistrat, pour qu'il leur soit permis d'ouvrir un théâtre rue de Scachebeuvons touchant la maison des Badariennes (3), dans les dépendances de l'hôtel de feue madame de Francqueville d'Abancourt, dont les dits Goury et consorts s'étaient rendus acquéreurs moyennant 12,600 livres et 100 livres d'épingles (4).

Leur requête est accueillie ; et l'acte passé alors entre eux et l'administration communale contient les mêmes clauses que celles qui avaient été successi-

---

(1) Un fait nouveau et jusque-là inconnu au théâtre, se produisait en 1773, à la première représentation à Paris, de l'opéra *L'Union de l'Amour et des Arts*, ballet héroïque en 3 actes, paroles de Monnier, musique de Floquet. On demandait le compositeur qui paraissait sur la scène entouré des acteurs, « ce qui ne s'était jamais fait. » *(Almanach des Théâtres pour 1774).*

(2) Ou Laderrière.

(3) Voir une note précédente.

(4) DD. Théâtres. 25 septembre 1773.

Nous empruntons de nouveau à cette série tout ce qui a trait à l'établissement de ce nouveau théâtre.

vement arrêtées avec Jacquet d'abord et Fontaine ensuite.

Il y est dit de plus :

« Les privilège et exemptions cesseront sitôt que
« la dite salle sera hors de service, c'est pourquoi
« l'entrepreneur et ses héritiers ou ayans-cause,
« seront tenus de l'entretenir dans un état honnête
« et décent pour jouir.... »

« Alexandre Goury, sa femme, sa fille, sa belle-
« sœur et son beau-frère, auront leurs entrées libres
« pour tous les spectacles quelconques sans néanmoins
« qu'ils puissent avoir une loge fixe et déterminée
« dans la dite salle, à moins qu'ils ne jugent à propos
« d'en faire bâtir une particulière au second rang,
« sans pouvoir, dans aucun cas y mener et introduire
« qui que ce soit sans payer.

« Lorsqu'il n'y aura point de troupe de comédie
« établie dans la ville, le droit et privilège attaché
« aux troupes de comédies appartiendra exclusive-
« ment au propriétaire de la dite salle, de façon qu'il
« pourra donner par lui-même tout bal, redoute (1)
« et concert à son profit.

« La police des spectacles ne permettant point de
« retenir des loges et donnant le droit au premier
« arrivé de se placer aux places qui ne sont point
« occupées, toutes les loges seront ouvertes avant le
« spectacle, même celle que ledit Goury s'était cy-
« devant appropriée (dans une première demande), et
« seront toutes sous une même clef commune. »

---

(1) Soirée réunissant le concert et le bal.

Deux vastes salles basses et deux salles hautes au-dessus, et partie de la cour de l'hôtel, où était la scène, avaient servi à disposer ce théâtre dont la longueur comprenait 71 pieds et la largeur 27 (1). A l'extérieur, un balcon large de 11 pieds, régnant au premier étage, surmontait deux portes d'entrée, géminées, de même largeur. Les abords étaient éclairés par deux réverbères, et une barrière protégeait les gens de pied contre le danger des équipages.

A l'intérieur il y avait un parquet et un parterre de 22 pieds, desservis chacun par une porte avec un corridor d'accès de trois pieds de large, établi sous les premières loges. Celles-ci, dont le mur d'appui se trouvait cambré, étaient percées de portes décrivant un demi cercle complet pour faciliter la circulation dans le couloir de « deux pieds dans son plus étroit, vers le théâtre, » et sur lequel elles s'ouvraient (2). Elles mesuraient 8 pieds de large et 4 de profondeur et contenaient chacune dix personnes. Il y en avait deux rangs de chaque côté. Au-dessus régnait une seconde galerie. Deux autres loges de soubassement, grillées, se trouvaient à l'avant-scène.

La salle contenait de 900 à 1000 places.

(1) Lettre du Magistrat aux échevins d'Arras, 31 janvier 1780.

Les dimensions des différentes parties de la salle, indiquées ici, sont également empruntées à cette lettre.

(2) « Clauses et conditions auxquelles sera tenu l'entrepreneur de la salle de comédie.

« Premièrement il formera un corridor derrière les loges de deux pieds, dans son plus étroit vers le théâtre, dans lequel il y aura une porte au milieu de chaque loge. »

(Archives communales. — Théâtre).

Le théâtre avait 24 pieds du rideau au fond de la scène, derrière laquelle il y avait une chambre de 18 pieds de superficie. Trois autres salles de même étendue servaient, l'une au service des acteurs, l'autre à celui des actrices ; la troisième était un chauffoir. Un plancher mobile mettait, les jours de bal, le sol de la scène et celui de la salle au même niveau.

La décoration de la partie affectée au public était rouge et or. Enfin un puits avait été ouvert sous le théâtre et un réservoir établi dans les combles pour le cas d'incendie (1).

La dépense s'était élevée à 24,000 livres.

Il est bon d'ajouter que le balcon dont il vient d'être question ne fut achevé, après mainte discussion, qu'en 1785, comme on le verra plus loin.

De nombreuses contestations s'élevèrent bientôt : lutte d'abord entre la ville et les propriétaires pour la loge qu'ils s'étaient réservée et pour leur droit de donner bal ; lutte entre ceux-ci et les directeurs pour la redevance de 12 livres par représentation, etc. etc.; il faut à chaque instant que l'autorité supérieure intervienne (2). Aussi, à propos de l'un de ces différends, l'intendant Taboureau, qui le juge, écrit de

---

(1) Cette salle avait fait un certain bruit, car il en est parlé dans une délibération prise le 8 août 1773, par le mayeur et les échevins de Saint-Quentin, qui cherchent les moyens de doter leur ville d'un théâtre ; plusieurs d'entre eux étaient venus voir celui de Cambrai. — G. Lecocq : *Histoire du Théâtre de St-Quentin,* page 16.

(2) DD, Théâtre, — aux dates suivantes 1773 : 6, 7 et 25 septembre ; 10 octobre ; 16, 19 et 20 novembre ; 1774 : 21 et 27 janvier ; 23 décembre ; 1780 : 31 janvier, 24 mai ; 21 et 27 juin ; 19 au 29 novembre ; 7 décembre ; 1781 : pour l'établissement du balcon, 28 juin au 15 octobre.

Valenciennes, le 6 septembre 1773, au Magistrat : la nouvelle salle « est d'ailleurs la source de diverses
« tracasseries que vous auriez dû prévoir auparavent
« de permettre un pareil établissement qui ne se
« soutiendra qu'avec peine dans votre ville. » Et il
ajoute, sorte de prophétie qui ne se réalisera que trop :
« si vous m'aviez consulté auparavent d'accorder
« la permission, je vous aurais fait sentir que cette
« entreprise était capable de porter préjudice à la
« fortune de ceux qui s'en chargeraient (1). »

Nous ne suivrons pas dans leurs diverses péripéties, ces chicanes qui durèrent plusieurs années et qui touchent trop incidemment à notre sujet pour nous arrêter plus longtemps.

L'inauguration de la nouvelle salle avait eu lieu le vendredi 15 août 1773, premier jour de la fête communale.

La salle ouverte il fallait y assurer l'ordre. Deux jours après l'inauguration, le 17 août, Messieurs siégeant à cette fin, « nommaient Monsieur le chevalier
« de Francqueville d'Abancourt, leur collègue pour
« commissaire en cette partie, » le chargeant « de
« toute la police tant intérieure qu'extérieure de tous
« les spectacles,... l'autorisant de décider sommai-
« rement toutes les contestations,... sauf l'appel en
« pleine chambre (2). »

Outre les difficultés avec les entrepreneurs, il y en eut également avec l'autorité militaire.

(1) DD. Théâtre.
(2) FF. Police du théâtre. Délibération du Magistrat.

La « loge du Roi » (1) était dévolue au commandant de place qui représentait le souverain ; celle de « la Reine » (2) au côté opposé, avait pour occupeur officiel le commissaire départi de la province — l'intendant — et en son absence les premiers officiers de justice comme dépositaires de l'autorité royale en cette partie. Or le commissaire des guerres prétendait avoir le droit exclusif d'occuper la « loge de la Reine, » en l'absence de l'intendant qui ne résidant pas à Cambrai s'y trouvait fort rarement. On s'adressa le 28 août à ce dernier qui donna gain de cause au Magistrat dans cette nouvelle contestation (3).

Celui-ci comme complément indispensable de la mesure prise le 17 août, formulait le 21 septembre suivant, dans l'assemblée extraordinaire tenue à cet effet, un réglement en vingt-quatre articles dans lesquels on pensait avoir tout prévu. Il y était naturellement question de la salle et du public et, chose plus intéressante pour l'histoire du théâtre, on y traçait minutieusement les droits mais surtout les devoirs des comédiens qui, par le fait, se trouvaient ainsi que les gens de service à la discrétion de l'autorité communale.

On y lisait en substance :

— Que le spectacle devait commencer à 5 heures en hiver, à 5 heures et demie en été.

— Le prix des places y était ainsi fixé « premières

---

(1) Au côté *Jardin* droite de l'acteur.
(2) Au côté *Cour* gauche de l'acteur.
(3) FF. Police des Théâtres. Lettre du Magistrat à l'intendant.

« loges, parquet et amphithéâtre, 30 sols; secondes
« loges, 15 sols; parterre, 12 sols; galerie au-dessus
« des secondes loges, 6 sols; » avec défense
d'augmenter ces prix sans autorisation.

— Nul spectateur ne pouvait se placer sur le
théâtre. Les loges ne devaient point être louées à
l'avance, ni à l'année ni au mois. « Celle de droite
« était réservée au gouverneur et en son absence
« au commandant de place; celle de gauche à
« l'intendant lorsqu'il se trouvait dans la ville. »

— Les spectateurs qui faisaient du bruit pendant
la représentation étaient invités à se taire et en
cas de récidive emprisonnés. Des sentinelles placées
sur le théâtre, au parterre et à la porte d'entrée,
maintenaient l'ordre conjointement avec deux
sergents de ville en armes (1).

— Les musiciens de l'orchestre devaient être à leur
pupitre avant l'heure de la symphonie d'ouverture.

— Le Directeur présentait chaque quinzaine son
répertoire dont il ne pouvait changer l'ordre sans
autorisation.

— A la fin de chaque mois, les rôles étaient
distribués par la voie du sort, sans égard à l'emploi
que tenait l'artiste.

— Toute pièce devait être répétée avant d'être
jouée.

— Le Directeur devait assister aux répétitions qui

---

(1) Epée et hallebarde. Les hallebardes des sergents de la
prévôté sont conservées au musée.

avaient lieu le matin, pour l'opéra à 8 heures et demie, pour le spectacle ordinaire à 9 heures.

— Il lui était interdit de délivrer des billets de place, en ville, sauf le cas de représentation extraordinaire ou à bénéfice. Le prix d'entrée ne pouvait être perçu par lui ni par un de ses agents particuliers.

— Les artistes sans rôle dans une pièce, devaient au besoin y figurer ou y servir dans les accessoires.

— Les garçons de théâtre convoquaient aux répétitions, procuraient les ustensiles nécessaires à la scène et transportaient les effets des acteurs.

— Ceux-ci ne pouvaient s'absenter de la ville, ni découcher sans permission du Magistrat.

— Toute infraction à ces différentes prescriptions était punie d'une amende pouvant s'élever à 6 livres et plus ou d'emprisonnement.

— Enfin il était pris par l'autorité les mesures propres à sauvegarder tous les intérêts des artistes vis-à-vis leur directeur (1).

L'année suivante un autre conflit s'élève entre les échevins et M. de la Porterie, maréchal de camp commandant la place, qui revendiquait le droit exclusif de faire la police « de la comédie (2). »

L'affaire est portée devant le duc d'Aiguillon alors ministre : « Il est certain, écrit ce dernier, le 14 avril

---

(1) *Réglement rendu par Messieurs du Magistrat de Cambrai, pour la police du spectacle* (en feuille). — Collection de M. V. Delattre.

(2) FF. Police du théâtre : Lettre du Magistrat au comte de Nicolay. Avril.

« 1774, que l'ordonnance du 1er mars 1768, ne donne
« aucun droit aux commandants militaires de s'em-
« parer de la police intérieure des spectacles, mais
« seulement d'y établir une garde pour y maintenir le
« bon ordre, à la charge de remettre sur le champ aux
« juges civils, les bourgeois arrêtés. Si dans la place
« où résident des commandants en chef des provinces
« ceux-ci ont pris plus d'influence sur le choix
« des pièces de théâtre et autres objets de cette
« espèce, c'est sans doute parce qu'ils étaient revêtus
« par leur commission d'une autorité beaucoup plus
« étendue que celle d'un commandant de place ou d'un
« officier général employé; ils se regardent comme
« chargés de la police générale tant civile que mili-
« taire, mais M. de la Porterie ne peut élever les
« mêmes prétentions. Au reste, comme ce sont les
« troupes qui soutiennent le spectacle à Cambray, il
« paroit convenable que le choix des pièces soit fait
« de manière à leur être agréable et le Roy entend
« qu'à l'avenir les officiers municipaux n'arrêtent pas
« le répertoire qu'il n'ait été approuvé par le comman-
« dant de la place et qu'ils se concertent entre eux
« à cet égard sans oter aux premiers l'autorité directe
« qu'ils ont sur les comédiens et sur leur directeur (1). »

Plus tard, les échevins réclamaient le 2 septembre
1781 contre la prétention manifestée par M. Desgaudières, lieutenant de roi, de faire garder, par une
sentinelle, les places des chefs de corps (2). Le 22,

---

(1) FF. Police du théâtre. Lettre du duc d'Aiguillon au comte
de Nicolay, 11 avril 1774.

(2) Id. — Lettre du Magistrat au prince de Robecq, 2 septembre.

le gouverneur de la province, M. de Montmorency, prince de Robecq, leur faisait remarquer à ce sujet que le Magistrat de Cambrai était le seul qui contestât aux chefs de la garnison une place distincte au théâtre. « Je n'ignore pas, ajoutait le prince, qu'il
« n'y a aucune ordonnance ni décision particulière
« du ministre qui leur attribue ce droit, mais la
« décence et la police des corps exigent que leurs
« officiers supérieurs ne soient point confondus avec
« tous les spectateurs, pour qu'on puisse avoir recours
« à eux au moment où il est question d'interposer
« leur autorité pour faire observer l'ordre par les
« officiers auxquels ils commandent (1). »

Les échevins avant de réclamer s'étaient enquis comment la chose se passait à Lille, à Valenciennes et à Arras ; la réponse avait été partout la même que celle de M. de Robecq (2).

Le privilège, pour un directeur de troupe de comédie ou d'opéra, d'exploiter les théâtres d'une province était accordé par le gouverneur de cette province (3) ; les administrations communales se

---

(1) FF. — Lettre de M. de Montmorency.

(2) Id. — Lettres des mayeur et échevins d'Arras, 29 septembre ; — des reuwart, mayeur, échevins, conseils et huit hommes de Lille, 1ᵉʳ octobre ; — des prévôt, jurés et échevins de Valenciennes, 6 octobre ; au Magistrat de Cambrai, en réponse à sa demande du 25 septembre précédent.

(3) Id. — Lettre du prince de Robecq écrite de Dunkerque le 29 août 1782, à M. Desgaudières, lieutenant de roi à Cambrai, pour lui transmettre une décision du ministre, de laquelle il résulte « bien clairement que les commandants des provinces ont seuls « le droit de disposer de ces privilèges en faveur de qui bon leur

bornaient à traiter pour un temps plus ou moins long avec ces troupes privilégiées. Néanmoins des règles précises n'ayant pas encore fixé, pour Cambrai du moins, ces droits respectifs, ils étaient souvent ainsi que la police, l'objet de contestations réciproques. Pour mettre fin à cet état de chose, un projet de règlement élaboré le 2 octobre 1782, par les députés du Magistrat de concert avec le prince de Robecq, fut présenté par ce dernier à la sanction du ministre de la guerre, M. le marquis de Ségur, qui le rendit obligatoire le 6 janvier 1783. En voici la substance :

1. — La police « sur tout ce qui tient à la comédie » appartient aux magistrats « comme ils l'ont sur tous les autres habitants de la ville tant extérieurement que dans l'intérieur; » mais ils n'ont pas le droit de disposer de la caisse et des recettes des comédiens, sauf le cas de plaintes portées contre ceux-ci par des créanciers.

2. Toute pièce jouée à la cour et à Paris peut être également représentée dans les villes de province, si l'autorité communale le permet.

3. — Toute infraction à l'ordre public au dedans comme au dehors de la salle, restera à la répression

---

« semble, sans que les officiers municipaux des villes y apportent
« le moindre obstacle. »

— Autre lettre du même au même, de Morbecq le 24 septembre suivant, où il est dit : « J'ai donné le privilège au sieur Casimir et
« si ces Messieurs (du magistrat) forment quelques obstacles à son
« établissement, nous les verrons venir et il ne sera pas difficile de
« réprimer leurs prétentions. »

du Magistrat à qui la garde militaire prêtera main forte.

4. — Si la garde militaire est amenée à opérer l'arrestation d'un bourgeois, elle le remettra aussitôt à la disposition de l'autorité civile (1).

5. — Les officiers de la garnison formant la majeure partie des abonnements, le commandant de la place peut permettre la suspension de ces abonnements quand les besoins des comédiens l'exigent, à charge par lui d'en prévenir sur le champ les officiers municipaux à qui seul appartient le droit de permettre ou de défendre de changer le spectacle.

6. — Le prix des places doit être fixe; l'autorité militaire et l'autorité civile peuvent d'un commun accord donner la permission de tiercer les places dans les circonstances où cette augmentation est d'usage.

7. — Le commandant militaire n'a aucune action sur les comédiens à moins qu'ils ne se rendent coupables de quelque délit intéressant le service du roi ou la sûreté de la place. Il doit alors faire remettre les délinquants aux officiers de police dont ils sont en outre justiciables pour ce qui est affaire d'intérêt ou affaire contentieuse.

8. — La loge du roi est réservée au gouverneur ou à son représentant. Les officiers supérieurs se placeront sur le premier banc derrière l'orchestre, où des places leur seront réservées. La loge de la reine sera pour l'intendant lorsqu'il viendra au théâtre.

---

(1) Conformément à l'article 3 du titre XIX de l'ordonnance du service des places.

9. — Dans les cas de foule, les loges pourront être louées entières, mais on ne pourra mettre de bancs sur le théâtre qu'avec la permission du commandant de place, ayant sur les comédiens de la province la même autorité que les gentilshommes de la chambre sur les comédiens de la capitale (1).

10. — Aucun militaire ou bourgeois autre que les gens de service, ne peut pénétrer dans les coulisses pendant les représentations.

11. Personne, sous prétexte des priviléges de sa charge ne peut réserver de place particulière sans la payer (2) (sauf les propriétaires).

Le 14 mars 1783, pour compléter ces diverses dispositions une consigne pour le commandant de la garde d'ordre et les sentinelles de la salle, était arrêtée par le lieutenant de roi.

Il y était dit que le commandant de la garde devait s'assurer que personne n'était dans la salle avant l'ouverture du bureau. Dans le cas contraire, il devait les prier poliment de sortir si c'étaient « des messieurs

---

(1) « Les gentilshommes de la chambre ont sur les comédiens « françois, toute autorité en tout ce qui concerne le théâtre et tout « ce qui y a rapport; et MM. les comédiens françois ne sont « sujets aux autres magistrats, que pour leurs affaires civiles, « scavoir :
« Les changements de pièces ; l'inexactitude des comédiens ; « les torts des comédiens dans les représentations ; leurs querelles « particulières, en un mot toute la police intérieure du théâtre. » (Note annexée aux présentes instructions).

(2) FF. Police du théâtre : « Instructions à donner au Comman- « dant de Cambray pour la police de la comédie, (manuscrit) avec copie de la lettre du Prince de Robecq à M. Desgaudières, en date du 17 décembre 1782.
Autres pièces à l'appui du 6 janvier 1783.

et des dames, » et les arrêter après trois invitations à se retirer, s'ils étaient « des bourgeois ou bourgeoises. »

Il devait prêter main forte au préposé à la distribution des billets ; interdire d'entrer avec des chiens ou des chaufferettes ; ne laisser aucun spectateur le chapeau sur la tête une fois le rideau levé ; empêcher alors de causer, de faire du bruit ou de siffler ; interdire l'accès de la salle par la maison confinant au théâtre, sauf à la propriétaire et à sa fille, aux personnes attachées à la comédie et au major de service.

Il devait empêcher tout autre que les acteurs et actrices de traverser la scène pendant que l'on jouait, faire observer le silence au foyer, faire cesser toute altercation entre les comédiens et enfin veiller à l'exécution du règlement, dont cette consigne était le corollaire (1).

L'ordonnance du service des places prescrivait aux régiments de s'abonner au théâtre (2). Le 27 novembre M. de Montmorency rappelle que « tous les spectacles de quelque dénomination qu'ils soient, qui voudront donner des représentations pour de l'argent, » dans les villes des provinces de Flandre, Hainaut et Cambresis, doivent au moins le quart ou le tiers net, de leur recette, aux directeurs privilégiés par M. le

---

(1) FF. Police du théâtre : « Consignes pour le Commandant « de la Garde et les Sentinelles de la Salle des Spectacles de « Cambrai, » — 14 mars 1783. (Imprimé en feuille.)

(2) Id. — Lettres de M. Desgaudières, au prince de Robecq, 17 mars, et au Magistrat, 18 mars.

Lettre de M. de Robecq à M. Desgaudières, de Paris le 22 mars.

Maréchal de Soubise, selon que ceux-là participent ou ne participent pas aux frais de ceux-ci (1).

Cette espèce de subvention déguisée subsista jusqu'à l'établissement de la liberté théâtrale en 1866.

En 1785, le 24 juillet, M. Desgaudières refait le « Réglement concernant la police qui doit être observée en la salle de comédie de Cambrai selon les ordres du Roi. » Ce réglement n'est qu'une nouvelle édition de la consigne de 1783 avec quelques additions.

— Un officier major de la place et un officier de chacun des régiments de la garnison, en tenue de service, avec le hausse-col, doivent se trouver au théâtre une demi-heure avant le lever du rideau. Ils ont pour mission de faire observer le règlement par les chefs de leurs corps respectifs.

L'officier major doit faire commencer la représentation à l'heure marquée.

Des écriteaux indiquent les places réservées aux autorités militaires.

Les deux sergents de ville chargés de la police municipale doivent se tenir nu-tête et faire leurs remontrances *bas*, à ceux à qui ils s'adressent.

Nul ne peut retenir de loge qu'autant qu'il la paie pour huit personnes.

Après le premier acte les loges non louées sont rendues accessibles aux officiers.

Enfin le directeur ou le propriétaire sont tenus de faire nettoyer la salle.

---

(1) Id. — Lettre de M. le Maréchal de Soubise à M. le prince de Robecq, de Fontainebleau le 19 novembre 1783.

En même temps, une instruction spéciale réglait le service des sentinelles : à la porte d'entrée pour en rendre l'abord libre ; au bureau où l'on distribue les billets ; au parterre pour y maintenir l'ordre ; au pied de l'escalier menant à la scène, et à la porte du foyer des artistes pour en interdire l'accès aux spectateurs, l'état major de la place excepté ; à la loge des officiers majors pour garder leur place; à l'entrée de la loge des actrices où seules elles peuvent pénétrer (1).

Ces diverses prescriptions étaient encore renouvelées le 15 janvier 1787 et M. Desgaudières y ajoutait, contrairement à ce qui avait été établi à l'ouverture de la salle, l'obligation d'une serrure particulière, fermant à clef, pour chacune des loges, lesquelles ne pouvaient être louées que jusqu'à concurrence de la moitié de leur nombre total (2).

Après avoir épuisé tout ce qui a trait à la police du théâtre, il est temps de passer rapidement en revue les troupes qui l'ont occupé successivement.

On a vu que l'inauguration de la nouvelle salle avait eu lieu le 15 août 1773. Elle fut faite par une troupe qui jouissait alors d'une certaine réputation : la troupe de Desrosiers, directeur des théâtres d'Abbeville et d'Amiens (3).

(1) FF. Police du théâtre. — Imprimé en feuille.
On y a joint les « écriteaux » imprimés pour réserver les places des autorités militaires.

(2) Id. — Pièce manuscrite.

(3) M. Gustave Lhotte, dans sa très-complète et très-intéressante étude sur « *Le Théâtre à Douai avant la Révolution*, » (pages 67 et suivantes), honorée en 1880 d'une médaille de vermeil, par la *Société des Sciences de Lille*, a donné sur la gestion de ce direc-

Desrosiers — Duval de son véritable nom — donna quelques représentations assez suivies. Elles ne purent, toutefois, l'aider à combler un déficit dû à l'étendue de son entreprise.

En vain, l'année suivante, à l'occasion de l'arrivée du comte d'Artois à Cambrai, le 28 août 1774 (1), et « sur les instances de la garnison » à laquelle son spectacle avait plu, le directeur dans l'embarras essaya-t-il de ramener sur les planches cambresiennes sa troupe de comédie; bien que toutes les places eussent été fixées « par autorisation spéciale, » au prix de 3 livres, le précipice se creusant de plus en plus sous ses pas, une saisie fut le 9 septembre, à la requête d'un bourgeois d'Amiens, le dénouement réservé à d'inutiles efforts (2).

On voit dans l'ouvrage publié sur « *Le Théâtre à Douai avant la Révolution* » par M. Gustave Lhotte, dont les recherches nous servent à compléter le récit de cette débacle, que le total de la vente, suite

teur aventureux, des détails précis et curieux empruntés à une volumineuse correspondance de cet ami de Collot d'Herbois. Desrosiers ou Desroziers, était d'une famille honorable dont il cachait le véritable nom de Duval sous un pseudonyme, selon l'usage assez suivi par les comédiens d'alors et qui laisse encore des traces de nos jours.

(1) « A Lepesse (concierge des provisions) a été payée par ordon-
« nance la somme de quatre cent quarante-cinq florins dix patars
« pour le sable, compris le charroi, qui a été nécessaire pour
« sabler les rues, depuis la barrière de la porte Notre-Dame
« (de Valenciennes) jusqu'à l'archevêché, le 28 août 1774, jour de
« l'arrivée de Monseigneur le comte d'Artois en cette ville..... »

(Compte du domaine 1773-1774, chapitre huitième ; frais extraordinaires, fol. 19).

(2) *Le Théâtre à Douai*, page 126.

naturelle de l'acte de sûreté, s'éleva à 354 florins 6 patars, sur lesquels, la proie de la justice prélevée, il resta un peu plus de 200 florins (1) à partager entre les créanciers du malheureux directeur.

Une requête adressée au Magistrat le 16 novembre 1774, par les comédiens Le Bon, Le Duc, Pinviller, Trienval et Derville, réclamant ce qui leur est dû par Delavigne et sa femme dont ils sollicitent la mise en arrestation, donne le nom du successeur de Desrosiers pour cette année fatale (2).

Un mois après, jour pour jour, l'un des propriétaires de la salle, François Margrait (3), afin de ne pas laisser la propriété inoccupée et dès lors improductive, « s'étant trouvé par des évènements contraint de prendre une troupe de comédiens, » demande le privilège qui lui est accordé sur le champ, le 16 décembre. Cette troupe était celle que Delavigne avait oublié de payer. Elle débuta du 12 au 15 janvier 1775.

A Margret succède peu après Varenne qui est à Cambrai en mars. On est en carême; à l'annonce des représentations, Messieurs les vicaires généraux *sede vacante*, s'émeuvent : « Nous avons appris, « écrivent-ils au Magistrat, le 2 mars, qu'on se propose « d'avoir dans la ville des spectacles dimanche « prochain, nous ne pouvons nous dispenser de

---

(1) 207 florins 2 patars 3 deniers. — Voir le détail très-curieux de cette vente, donné par M. Lhotte, pages 128 et suivantes.

(2) Les diverses indications relatives au service des troupes théâtrales, sont empruntées à la correspondance de la série FF. Police des théâtres. Privilèges.

(3) Il avait épousé la demoiselle Lefebvre.

« vous marquer, Messieurs, notre surprise et l'oppo-
« sition qu'il y aurait à permettre ces sortes de
« plaisirs dans ce saint tems destiné plus particu-
« lièrement à la pénitence et à la mortification. Nous
« vous exhortons à donner tous vos soins pour
« empêcher qu'ils n'aient lieu (1). »

Varenne néanmoins est encore à Cambrai le 30 mars, époque où l'un de ses pensionnaires, Jean-Baptiste Desmoutiers, devant la retraite de son directeur, demande à lui succéder et à tenir le théâtre, de juillet à fin décembre, avec le droit de donner les bals de la fête communale et de l'hiver.

Entre temps, la salle est concédée, le 10 mai, à cause du séjour du comte d'Artois à Cambrai (2), à

---

(1) Cette lettre est signée : « Les vicaires généraux de Cambrai,
« le siège vacant. MARTIN. »
Bien qu'il eût succédé le 24 septembre 1774, à M. de Choiseul, mort le 11 du même mois, M. de Fleury, alors archevêque de Cambrai, ne fit son entrée dans sa ville archiépiscopale, que le 7 août de l'année suivante, ainsi qu'il résulte de l'article ci-après du compte du domaine du 1er août 1775 à pareil jour 1776.
« A la compagnie bourgeoise des archers de sainte Marguerite,
« a été payé par ordonnance, la somme de cinquante-huit florins
« pour la dépense qu'ils ont faite le 7 août 1775, jour de l'arrivée de
« Mgr de Fleury en qualité d'archevêque de Cambray, etc. »
Fol. 18 v.)

(2) « Audit Lepesse (concierge des provisions) a été payée la
« somme de cinq cents soixante-neuf florins, neuf patars pour le
« sable, compris charroi et maindœuvre, qui a été nécessaire pour
« sabler les rues, depuis l'archevêché jusqu'à la porte Notre-Dame
« et du même point à la porte de Selles, le 19 juin 1775, lende-
« main de l'arrivée de monseigneur le comte d'Artois en cette
« ville, à cause de la sécheresse du pavé par où le prince devait
« sortir ce jour de la ville, à cheval avec les seigneurs de sa suite,
« pour voir manœuvrer son régiment de dragons et l'infanterie de
« la garnison, etc. »
(Compte de la ville, 1er août 1774 au 1er août 1775, fol. 18 v.)

Dinezi et à la troupe de Valenciennes dont il fait partie.

Desmoutiers n'ayant pas profité du privilège qui lui avait été accordé, Casimir et Delatour l'avaient remplacé ; et le 3 octobre veille de leur départ pour Gand, où ils devaient séjourner quatre mois (1), ils obtenaient l'autorisation de revenir après le prochain jour de Pâques pour une année.

Le théâtre reste fermé une partie de l'hiver, jusqu'au 13 février 1776 où « Bernardi, directeur d'une troupe « d'enfants, composée de quatorze, depuis l'âge de « cinq ans jusqu'à dix, » est autorisé à donner des représentations jusqu'au carême pendant lequel il avait en vain demandé de continuer à jouer, offrant deux demi-représentations pour les pauvres (2).

Le 27 avril, Casimir et Delatour qui sont alors à Anvers, obtiennent de reculer d'un mois leur retour à Cambrai et s'engagent à y amener « vers le 15 juin, une troupe composée d'honnêtes gens, » ce qui a lieu, — du moins pour la date du retour. Mais le grand Jubilé ouvert le 27 mai, qui dura six semaines et fut suivi de la plantation d'un calvaire sur l'esplanade de la citadelle (3), interrompt le cours de leurs repré-

(1) Apostille de leur lettre du 30.

(2) Bernardi ou Bernardy, ancien pensionnaire de Desrosiers, devait venir à Cambrai trois mois plus tôt et en avait obtenu la permission ; il en fut empêché par le retour de Casimir et Delatour. (Voir sa lettre du 13 février 1776. — Série FF, etc.)

(3) A l'occasion de ce « jubilé universel de l'année sainte, « promulgué par Pie VI, » l'archevêque, M. de Fleury, avait fait venir à Cambrai douze missionnaires. C'est à leur influence sur les fidèles que fut due la plantation, sur le glacis dit « de la porte Robert, » de ce calvaire qui ne disparut qu'en 1793.

sentations et leur cause un préjudice dont Casimir se plaint le 14 août. Il demande en compensation de pouvoir « tiercer les places tant des loges que du « parterre, le jour de la fête de l'Assomption et « le lendemain, faveur plusieurs fois accordée à ses « prédécesseurs, dit-il, sans que des raisons aussi « fortes la leur méritassent ; » et de plus le profit des bals, en payant au propriétaire de la salle la redevance ordinaire ; ce qui est accordé.

Le 1er février 1777, d'Anvers encore, nouvelle demande de privilège de la part du même directeur qui, du 23 février au 22 mars (1) et du 15 mai au 31 juin, est en représentation à Saint-Quentin (2) où il retourne le 21 septembre pour la foire s'ouvrant le 1er octobre suivant. Son séjour s'y prolonge jusqu'au 27 du même mois, oubliant de tenir ses engagements avec Cambrai (3).

C'est alors que De Laval écrit de Saint-Omer, pour avoir le théâtre, affirmant que Casimir doit se rendre à Aix-la-Chapelle, il l'obtient le 30 mai.

Le 30 juillet, autorisation à « Marion Duvernier, comédien du Roy, » de venir avec sa troupe.

Le 26 février 1778, Degage qui a pour associé Duclos (4), écrit de Paris à Goury, pour obtenir par

---

(1) G. Lecocq. *Histoire du Théâtre de Saint-Quentin*, page 129.

(2) G. Lecocq, page 59.

(3) G. Lecocq. *Histoire du Théâtre de Saint-Quentin*, pages 59 et 131.

(4) FF. Police. Théâtre, privilèges. — Apostille du 20 mai 1778.

son intermédiaire et pour un an, le privilège théâtral. « Ma troupe sans être bien nombreuse, ajoute-t-il, « réunit tous les genres, gens à talents et de bonnes « mœurs, en équipages pour leurs emplois, entr'autres « j'ai le fils du fameux Thomassin, l'ancien arlequin « des Italiens, qui ne cède en rien aux talents de son « père (1). » Degage est à Cambrai en mai, car le 20 une plainte est portée au Magistrat contre lui, par les époux Benard ses pensionnaires, à qui il doit pour argent prêté et « pour prix d'une boëtte d'argent à chiffre d'or et rosettes, » soixante-six livres de France (2).

Degage et son associé ne remplissent pas non plus leurs promesses. Le premier offre, le 24 juillet, de Calais où il s'est réfugié, à Lehr maître de musique et directeur de comédie à Douai, de « faire la kermesse » de Cambrai, moyennant une indemnité de 400 livres au profit du directeur de Calais.

Mais, Messieurs du Magistrat considérant Degage comme déchu par sa fugue, autorisent, le 13 août, Lehr et Crécy, son collaborateur en direction, — lesquels avaient déjà joué à Cambrai, après le départ du transfuge — à y continuer leurs représentations jusqu'au dimanche des Rameaux de 1779 (3).

Le 25 septembre 1778, ils obtiennent d'aller passer un mois à Douai à l'occasion de la foire de cette ville et.... ne reviennent plus.

(1) Thomassin, le père était en 1774, pensionnaire du roi.
(2) FF. — Supplique au Magistrat par les époux Benard. — 20 mai 1778.
(3) Id. — Apostille à la requête présentée par Lehr et Crécy, le 27 juillet 1778.

Ce qui paraît indiquer qu'il n'était pas toujours facile de retenir des comédiens à Cambrai, c'est que l'année suivante, le 16 juin 1779, les mêmes directeurs malgré leur peu de loyauté sont de nouveau agréés, à charge de donner deux représentations chaque semaine jusqu'au 15 juillet et de continuer ensuite jusqu'aux Rameaux de 1780. Les propriétaires de la salle qui, par l'autorisation accordée en 1778, ont perdu le bénéfice des bals de la mi-août, adressent alors requête pour s'opposer à cette combinaison. Lehr et Crécy pour garder leur droit offrent, de Douai où ils se trouvent, le 14 juillet, de dédommager Goury et consorts, en leur payant la location de la salle pour les représentations qui n'ont pas été données par leur fait, soit 72 livres. Ils invoquent pour excuse que le défaut de garnison à l'époque citée les eût exposés à une perte considérable.

Le théâtre de Cambrai par le peu de ressources qu'il offrait, ne justifiait que trop l'observation faite en 1773, par l'intendant Taboureau aux échevins (1). Aussi les troupes s'y succédaient-elles après des séjours souvent très-rapides et presque coup sur coup.

Le 24 septembre « Portiau dit Douat, entrepreneur et directeur, » comme il se qualifie, en représentation à Montreuil et Hesdain, en Picardie, sollicitait le privilège qu'il obtenait pour un mois, laps de temps trop court pour espérer un bénéfice. Une demande d'augmentation de séjour n'est pas accueillie, car le 16 décembre, permission est « accordée provisionnellement jusqu'à rappel, » à une compagnie représentée

---

(1) Voir plus haut.

par Louis Julien et la dame Lacaille ses mandataires, et qui a choisi Cambrai pour lieu de formation.

Le 11 avril 1780, le théâtre est mis pour six mois à la disposition de Louis Augé et Paris, sauf à leur reprendre si leur troupe ne plaît pas. Il leur était enjoint de déposer au greffe de l'échevinage les 12 francs qu'ils avaient à payer aux propriétaires de la salle par chaque représentation. Voici pourquoi :

Le traité passé entre la ville et Goury et ses ayants droit à l'ouverture de la salle, il y avait sept ans déjà, n'était point encore signé par ceux-ci, malgré les réclamations réitérées de l'autorité communale. Le magistrat les mettait dès lors en demeure d'authentiquer ledit traité par l'apposition de leur seing, sous peine de voir les douze francs qui leur étaient dus, par soirée « distribués aux pauvres. » D'autre part les propriétaires avaient prêté 815 livres aux directeurs, et ne pouvant rentrer dans leurs avances, ils obtenaient le 21 avril, de la chambre, de percevoir les abonnements militaires jusqu'à parfait désintéressement (1).

Le 29 avril, Degage avait reparu, sollicité en dessous main par Goury. Le Magistrat qui n'avait pas oublié le sans façon de l'oublieux directeur, l'éconduisit cette fois. Le nombre des représentations données par Augé et Paris était le 18 mai, de quatorze (2).

Lehr devait venir à l'époque de « la procession. » Paris écrit de Douai, le 1ᵉʳ août, que celui-là,

---

(1) FF. — à ces diverses dates.

(2) Id. — Reçu délivré par Goury, d'une somme de « cinquante « six écus pour quatorze représentations, etc. » 18 mai 1780.

parti pour Valenciennes, ne viendra pas ; s'offre à le remplacer et y est autorisé sans pouvoir bénéficier, toutefois, des bals à donner à l'époque de la fête.

En vain, on attend Joly, directeur à Compiègne, qui a promis de venir pour le 5 mars 1781, premier dimanche de Carême. Bernardi fils et sa troupe d'enfants « qui est parvenue à un degré supérieur » s'il faut l'en croire, le remplacent (1).

Le 10 mai, Goury demande, pour Désiré et sa femme, une autorisation qui est catégoriquement refusée jusqu'à ce que la façade du théâtre soit entièrement terminée et le balcon établi (2).

Désormais, la salle est mise en interdit et le refus précédent est renouvelé le 28 juin, pour la même raison, lors de la venue projetée de Casimir, à Abbeville à cette date.

L'administration fait enfin trêve à sa rigueur, le 5 juillet, contre l'engagement, pris par Goury, de satisfaire à ses justes exigences.

Casimir avait de nouveau compté de Cambrai, faire la foire de Saint-Quentin, lorsqu'il reçut avis, le 3 septembre, que le théâtre de cette dernière ville allait être occupé par une autre troupe (3).

Alors, Casimir entrevoyant l'hiver sous de tristes auspices, obtenait le 5 octobre de pouvoir se rendre encore pour quatre mois, à Anvers, moyennant de revenir à Cambrai pour le 20 février 1782.

(1) FF. — Demande au Magistrat, du 5 mars.
(2) Le dessin de ce balcon existe encore en minute aux archives ; il ne mérite pas reproduction.
(3) G. Lecocq. *Histoire du Théâtre de Saint-Quentin*, page 64.

Pendant son absence, le directeur de Douai sollicita et obtint la permission, le 23 novembre, de desservir la scène cambresienne « de temps en temps, autant « de fois qu'il le voudrait jusqu'au Carnaval inclu- « sivement et jusqu'à ce qu'il en soit autrement (1). » Qui eût pensé alors que ce directeur, auteur et poëte, lauréat des Jeux floraux, — circonstance à laquelle il dut d'ajouter à son nom une agreste et gracieuse épithète — qui eût songé, en 1781, que Fabre d'Eglantine porterait treize ans plus tard, le 5 avril 1794, sa tête sur l'échafaud en compagnie de Camille Desmoulins et de Danton dont il avait été le secrétaire.....

Casimir revient au jour fixé, mais le 27 février il lui est interdit de jouer pendant le Carême (2).

Il devait occuper avec ses « comédiens français et italiens, » les théâtres de Cambrai, de Douai et d'Arras (3) pendant toute l'année 1782 ; mais prenant

---

(1) FF. — Id. Lettre de Fabre d'Eglantine au Magistrat et autorisation en marge (à la date citée).

(2) « .... M⁰ Lallier échevin, faisant les fonctions de prévôt, « pour l'absence du titulaire, Messieurs du Magistrat ont déclaré « et déclarent qu'il ne sera représenté aucune pièce de théâtre en « cette ville pendant le carême ; en conséquence font défenses aux « propriétaires de la salle des spectacles de cette ville, de la « fournir à quelque comédien que ce soit pendant le carême, sous « telle peine qu'il appartiendra. — 27 février 1782. »

(FF. Police des théâtres.)

(3) « Par permission.

« Les COMÉDIENS FRANÇOIS ET ITALIENS de la Troupe du « sʳ *Casimir* établie à Douai et à Arras, donneront Dimanche « 4 août 1782,
 « LA BELLE ARSÈNE,
« *Grand opéra en quatre actes, musique* de GRÉTRY ;
« *orné de tout son spectacle, etc.* »

Débris de programme imprimé).

Du 23 9bre 1781

À Vous
Messieurs, Messieurs,
Du Magistrat de la ville de Cambrai

Supplie humblement le Soussigné
directeur du spectacle de Douai et
privilégié de Messieurs les echevins de
cette ville, à ce qu'il vous plaise lui
accorder la permission d'ammener
de tems en tems sa troupe de comédiens
pendant cet hyver dans la ville
de cambrai pour y jouer la comédie
et y donner autant de représentations

que les engagements qu'il a pris à Douay lui permettront de le faire.

Le Suppliant, ose espérer, Messieurs, que vous n'aurez aucun sujet de plainte sur son compte ; Et que par ses efforts il parviendra a mériter du public les encouragements qu'il en attend, Et de vous, Messieurs, les marques d'une généreuse protection à laquelle il se recommande

F. D'Eglantine
directeur de
la comédie de
Douay

prétexte de l'interdiction dont on l'avait frappé, pour se soustraire à ses engagements, il abandonnait la ville au mois de septembre, au moment même où le privilège venait de lui être renouvelé pour 1783, pour prendre celui de Gand sans l'agrément du prince de Montmorency. Celui-ci pour parer à la fermeture forcée du théâtre désignait pour remplacer Casimir, « Fages, entrepreneur de la comédie de Lille. »

« Fagès (1) ancien maître de musique à Valen-
« ciennes, homme intelligent, actif, compositeur de
« quelque mérite, que l'on retrouve au début de la
« Révolution à la tête d'un important magasin de
« musique à Paris, » était directeur à Lille depuis 1780, « avec honneur et non sans profit. » Il avait joint à ce privilège celui de Douai où Fabre d'Eglantine lui succéda (2). Mais ne pouvant desservir les deux villes désertées avant Pâques, le prince, sur la proposition de M. Desgaudières, autorisait par sa lettre du 27 février 1783, Madame Fleury, directrice, à s'établir avec sa troupe à Cambrai, jusqu'à la venue de Fagès. Et, pour parer à l'inconvénient qui s'était produit l'année précédente il ajoutait : « Je vous prie de
« vouloir bien faire part à Messieurs du Magistrat, que
« je ne vois pas de difficulté pour qu'on fasse à
« Cambray ce qui se fait à la cour, à Paris et partout
« le royaume où les spectacles ne sont pas interrompus
« pendant le carême. » (3).

(1) M. Lhotte écrit ainsi son nom. « *Le Théâtre à Lille avant la Révolution*, ouvrage couronné par la Société des Sciences, de l'Agriculture et des Arts de Lille. »

(2) Pages 56 et 57.

(3) FF. Police des théâtres. — Lettre de M. de Robecq à M. Desgaudières; de Paris le 27 février 1783.

Fagès vint à Pâques, mais il éprouva des difficultés pour percevoir la rétribution à laquelle il avait droit sur les spectacles passagers. M. de Montmorency en référa au maréchal de Soubise qui donna des ordres le 19 novembre (1), pour que les intérêts du directeur privilégié fussent sauvegardés.

Les représentations de « la comédie de Lille » ne furent pas plus goûtées à Cambrai, qu'elles ne l'avaient été à Douai et le privilège pour ces deux villes, selon le vœu de leurs garnisons (2), fut bientôt rendu à Casimir, pour 1784.

Une décision prise le 17 décembre 1782, par l'autorité supérieure, donnant le droit de représenter pendant le carême, et le rappel de ce droit fait par M. de Robecq le 27 février 1783, n'avaient point suffi, paraît-il, pour convaincre Messieurs du Magistrat, toujours sous la pression du pouvoir ecclésiastique; car le 26 mars 1785, ils s'attiraient de M. de Montmorency alors à Paris, les observations suivantes contenues dans une lettre qui déterminait de plus la part de l'autorité militaire dans les privilèges accordés aux directeurs :

« J'ai été informé, Messieurs, par M. Desgaudières,
« que sur le motif de sanctifier le carême, vous vous
« étiez opposés à ce qu'un directeur de spectacle qui
« avoit sa permission d'après mon autorisation, donnât
« à Cambrai trois ou quatres représentations comme

---

(1) FF. Police des théâtres. Privilèges. — Lettre du Maréchal de Soubise à M. de Robecq, de Fontainebleau le 19 novembre 1783 (précédemment citée).

(2) Id. — Lettre de M. de Robecq à M. Desgaudières, de Paris le 6 décembre 1783.

« il les avoit données à Lille, permettés moi, de vous
« observer que les spectacles étant authorisés à la
« cour et partout le royaume pendant le carême, je ne
« vois pas pourquoi vous voulés faire une exception
« pour votre ville et priver la garnison d'un amuse-
« ment auquel je ne vois aucun inconvénient. Vous
« n'ignorés pas sans doute, la décision du 17 de
« décembre 1782, qui confirme les commandants des
« provinces dans le droit de donner seuls les privilèges
« des spectacles, lorsqu'ils jugent à propos d'en faire
« venir dans les villes de leur commandement ; à cet
« égard vous êtes contrevenus aux droits qui me sont
« attribués en cette qualité, puisque c'étoit d'après
« mon authorisation expresse que M. Desgaudières
« avait donné la permission à ce directeur qui était
« seulement tenu de vous la présenter. Vous sentés,
« Messieurs, que cette opposition porte évidemment
« atteinte aux droits des commandants de la province,
« que je dois maintenir, et je vous serai sensiblement
« obligé de vouloir bien me dire quelles sont vos
« prétentions à cet égard, afin que je sois assuré que
« pareille opposition n'aura plus lieu de votre part, ou
« que je puisse prendre les ordres de la cour à ce
« sujet, etc. » (1).

Il résulte clairement de ce qui précède, que si ce que l'on a appelé depuis le « militarisme » n'avait pas encore de nom, alors, il existait déjà de fait et dominait en bien des choses. On aurait lieu de s'étonner pourtant de le rencontrer surtout au théâtre, si l'on ne remarquait qu'en province le gouverneur militaire était omnipotent et que les spectacles ne s'y soutenaient

(1) FF. Police des théâtres.

guère que par l'obligation imposée aux garnisons de les fréquenter, comme on l'a vu plus haut.

Il ne fut plus question, depuis, de suspendre les représentations durant le carême.

On ne trouve rien aux archives communales sur la direction du théâtre pour l'année 1785 ; il y avait cependant en avril, une troupe d'enfants, sous la direction d'une dame Folly (1) et qui faisaient « l'admiration des publics. »

« Dorfeuille est arrivé ce jour (30 octobre 1786) et « débutera le 2 novembre, » écrit le lieutenant de roi au Magistrat. Le privilège avait été cependant accordé à Clainville jusqu'à Pâques 1787 ; mais sur une supplique adressée par nombre d'habitants de Cambrai à M. de Montmorency, celui-ci avait consenti à la « substitution pour que la ville eût le spectacle pendant l'hiver, ce à quoi Dorfeuille — un vrai nom de théâtre — s'engageait (2).

Nouveau manque de documents pour les années 1787 et 1788. Il y eut cependant, dans les premiers jours de septembre de cette dernière année, des acteurs à Cambrai (3).

L'année 1789 fournit la pièce manuscrite suivante :

« Anne-Louis-Alexandre de Montmorency, prince
« de Robecq, grand d'Espagne de la première classe,
« premier chrétien et baron de France, comte d'Etaires,
« marquis de Morbecq, comte de Bouchoven et du

---

(1) G. Lecocq : *Histoire du Théâtre de Saint-Quentin*, page 70.
(2) Le 14 juillet 1787, il était à La Haye. (G. Lecocq, page 79).
(3) Ils y étaient encore le 3. (G. Lecocq, page 86).

« Saint-Empire Romain, chevalier des ordres du Roi,
« lieutenant général de ses armées, Gouverneur de
« la ville d'Aire, commandant en chef dans les
« provinces de Flandre, Hainaut et Cambresis.

« Etant informé de l'intelligence, de la capacité du
« sieur Sérigny, et de l'exactitude avec laquelle il a
« dirigé les troupes de comédiens qu'il a employées
« dans différentes villes, nous lui avons accordé et
« accordons par ces présentes, le privilège des
« spectacles de celle de Cambrai, pour par lui en
« jouir personnellement et exclusivement à tous
« autres, aux clauses et conditions suivantes.

« Savoir :

« 1er. Ledit sieur Sérigny ne pourra faire jouer sur
« le théâtre de la ditte ville, que les pièces reçues et
« permises par la police des principales villes du
« royaume, desquelles pièces il s'oblige de soumettre
« préalablement le répertoire au commandant de la
« place.

« 2eme. Il se conformera pendant la durée de son
« entreprise aux ordonnances du Roi, aux réglemens
« rendus ainsi qu'à ceux que nous pourrions juger à
« propos de rendre par la suite, pour la police des
« spectacles.

« 3eme. Pourra ledit sieur entrepreneur, faire jouer
« la comédie tous les jours, si bon lui semble, mais il
« sera tenu de donner au moins quatre représen-
« tations par semaine, bien entendu cependant qu'il
« se conformera à l'usage qu'on observe régulièrement
« à Paris, dans les différentes villes du Royaume

« et notament à Lille pour les jours de fête auxquels
« le spectacle doit être fermé.

« 4ᵉᵐᵉ. Dans le cas où le dit entrepreneur auroit des
« raisons plausibles d'abandonner son entreprise, il
« ne lui sera pas permis de la céder à tout autre et
« il ne pourra retirer sa troupe et faire cesser le
« spectacle que trois mois après nous en avoir prévenu
« et remis sa démission, sans que sous aucun prétexte
« et dans aucun cas il puisse demander aucune espèce
« d'indemnité ; nous réservant même le droit de
« retirer le présent privilège, si l'entrepreneur n'en
« remplit pas les obligations.

« 5ᵉᵐᵉ. Et enfin, à ces conditions auxquelles ledit
« Sérigny se soumet, nous lui avons accordé, comme
« nous lui accordons le présent privilège exclusif
« pour par lui en jouir à commencer des fêtes de
« Pâques prochaines jusqu'à pareil jour de l'année
« mil sept cent quatre-vingt-dix, aux droits attachés et
« résultant dudit privilège et ainsi qu'en ont joui ou
« dû jouir ses prédécesseurs.

« Fait et donné en notre hôtel à Paris, le neuf
« février mil sept cent quatre-vingt-neuf. »

Au-dessous se trouve, écrit de la main de Sérigny,
un engagement ainsi conçu :

« Je me soumets à remplir toutes les clauses et
« conditions ennoncés (sic) au présent privilège.

« A Cambrai, le 8 mars 1789.

(Signé) : « Dr. SERIGNY. »

Hélas ! cette direction non plus, ne fut pas au
nombre des heureuses : moins d'un an après, le 2

janvier 1790, sur la plainte des dames de La Sablonne, Moliny, Desvignes et la Caille, et de messieurs Saint-Réal, Beauregard (1), Marchand, Moliny (régisseur), Moreau, Raymond, Desvignes, Ansoult, Redond et Le Couvreur, tous pensionnaires de Sérigny, alors malade, celui-ci était en pleine chambre « évoqué sur l'heure à peine de désobéissance, » pour s'entendre condamner à payer à ses artistes les appointements qu'il leur devait.

Ces derniers demandaient aussi que les recettes fussent mises sous séquestre jusqu'au 27 mars, terme de leur engagement ; qu'il leur fut permis jusque-là de jouer en société et de disposer des magasins de costumes et de musique, — ce qui leur était accordé le 7 du même mois.

Ils obtenaient ensuite, le 8 avril, du prince de Robecq, la succession du privilège de Sérigny en faillite, et le 12, le Magistrat leur donnait le théâtre jusqu'au samedi veille des Rameaux de 1791, à charge de soumettre chaque mois, huit jours à l'avance, leur répertoire à l'approbation de la municipalité (2).

Le spectacle avait lieu trois fois au moins par semaine et n'était guère suivi. Un « état » des onze représentations comprises entre le 20 novembre et le 14 décembre 1790, permet de constater que la moyenne des spectateurs n'a pas dépassé vingt-trois ;

---

(1) Beauregard était un nom de théâtre ; le comédien qui le portait peignait la mignature avec un certain talent ; son fils fut sous son véritable nom, médecin à Cambrai.

(2) Voir pour tous ces faits, même série, farde : Affaire Sérigny.

le maximum a été de quarante-neuf, le minimum de sept (1).

Le prix des places était alors fixé ainsi : Premières, 30 sous ; secondes, 15 sous ; parterre, 7 sous ; paradis (troisièmes), 6 sous (2).

Les frais pour la même période se sont élevés à 1,004 livres, 18 sous, 3 deniers ; tandis que les recettes — compris sept « redoutes » (3) (bals) dont l'entrée était de 12 sous, données aussi au théâtre et plus fréquentées que le spectacle — n'ont produit que 496 livres 2 sous 6 deniers.

Que pourrait-on ajouter à ces chiffres désastreux !

Nous venons d'entrer dans la Révolution : la suite de l'histoire de notre théâtre local va bientôt se continuer à travers le bruit du canon, accompagnement du drame que nos soldats improvisés jouent sur les champs de bataille pour la défense du territoire national et dont la France entière suit avec anxiété mais avec enthousiasme les glorieuses péripéties.

Pour compléter le plus possible ce qui précède, on trouvera à l'appendice, le répertoire des pièces jouées à Cambrai comme à Saint-Quentin en 1777, et celui de la troupe d'enfants de Bernardy fils pour 1780.

---

(1) Idem.

(2) Ces prix avaient baissé depuis 1773. — Voir le règlement à cette date, aux pièces à l'appui.

(3) Les redoutes commençaient à 4 heures de l'après-dîner et devaient être terminées à 8 heures du soir. En temps de Carnaval on y admettait les masques. L'entrée était de 12 sous.

Ce sont les deux seuls documents de cette nature que nous connaissions avant 1789.

L'esprit humain est ainsi fait qu'il s'habitue au danger et y devient presque indifférent. Les menaces — bientôt suivies d'effet — de l'envahissement du sol natal par l'ennemi du dehors; les troubles fomentés par les ennemis du dedans; l'antagonisme des partis; la disette permanente; la pénurie de la caisse municipale; les excès — il faut bien les appeler par leur nom — inséparables des luttes et des réformes politiques, laissent encore aux Cambresiens, de même qu'à tous les Français — insouciants — le goût du plaisir.

Le spectacle continue de se donner à Cambrai comme ailleurs.

Des incidents de plus ou moins d'intérêt surgissent dans cette vie du théâtre, distants les uns des autres ou se pressant rapides, nés, pour la plupart, des idées du moment, des faits de la politique qui se mêle à tout.

Les retracer en totalité exposerait à de banales redites, voici les plus saillants.

Le 12 février 1791, le substitut du procureur de la commune informe la municipalité que des manifestations ultra-royalistes doivent éclater le lendemain au théâtre, à propos de la représentation de *Brutus*, la tragédie de Voltaire, on double le poste de garde de la salle et tout se borne à quelques cris de « Vive le Roi! A bas la nation! » restés sans écho (1).

(1) Archives communales. — Théâtre.

Le 2 juillet une délibération du conseil municipal fixait à cinq heures et demie l'heure des représentations et, pour éviter le trouble, défendait en même temps d'annoncer en scène le spectacle du lendemain.

En l'année 1793, le 3 janvier, on joue l'*Apothéose de Beaurepaire*(1), l'héroïque défenseur de Verdun. Les ardents du club de Cambrai se plaignent le lendemain au conseil général de la commune, d'un spectacle qui a « scandalisé les amis de la République, à cause du « civisme de cette pièce visiblement outré.... exagé- « rant les procédés des sans culottes, pour les rendre « ridicules, moyen présenté par les aristocrates pour « inoculer le royalisme. » Le conseil fait défense de jouer à l'avenir ce ferment de discorde (2).

L'ennemi a franchi la frontière : Condé et Valenciennes après avoir été bombardés et s'être vaillamment défendus ont capitulé. Le duc d'Yorck est campé devant Cambrai qui s'attend à être assiégé. On avait fait des préparatifs sérieux de résistance (3) et, pour ménager les ressources en vivres, arrêté que toutes les bouches inutiles ou étrangères sortiraient de la ville (4).

Une troupe dramatique occupait alors le théâtre depuis deux mois. Elle avait donné, dans la première quinzaine de juillet, « pour les frais de la guerre, »

---

(1) A-propos en 1 acte, de Lesueur, représenté sur le Théâtre des Nations, le 23 novembre 1792.

(2) Registre aux délibérations du Conseil général.

(3) Le général Desclaye, commandant la place, a plus tard rendu hommage à la fermeté des Cambresiens. (*Moniteur* du 10 août 1793).

(4) Archives communales. — Etat de siége.

une représentation dont le produit brut, s'élevant à « 40 livres 5 sols, » remis au conseil général, avait été transmis à la Convention nationale avec l'éloge des sentiments patriotiques des comédiens (1).

Cette troupe dirigée par Detteville et régie par Dorsan, tombant sous le coup de cette mesure d'expulsion, aurait été fort embarrassée, en ce moment critique pour toute la région du Nord, d'aller s'établir ailleurs. Elle sollicite par la plume de son régisseur, l'autorisation de rester dans la place. Sa requête est assez curieuse par les arguments qu'elle fait valoir et dont plusieurs ne manquent pas d'une certaine autorité.

Elle est adressée le 6 août 1793, aux maire et officiers municipaux et au conseil général de la commune. Le spectacle, y est-il dit, dans une ville où la population est considérable, par l'adjonction d'une armée presque entière (2) est politiquement nécessaire :

1° En ce qu'il se donne aux heures de loisir — il ne pouvait se prolonger après neuf heures du soir, —

---

(1) Lettre du Conseil général de la commune à la Convention nationale, 15 juillet 1793. — Correspondance.

Des représentations du même genre avaient lieu d'ailleurs, partout à cette époque : le 8 février un spectacle « au bénéfice des volontaires du département » de l'Oise, donné à Beauvais, permettait aux comédiens, plus heureux sous ce rapport que ceux de Cambrai, d'offrir aux bénéficiaires 162 livres 13 sous. (*Recherches sur les anciens théâtres de Beauvais*, par Ernest Charvet).

(2) Le corps de troupes, infanterie et cavalerie, destiné à la défense de la place.

que le public s'y rassemble à peu de frais (1) et que la privation de ce genre de divertissement, « remplit « les cabarets d'oisifs dont les esprits s'y échauffent « et compromettent alors la tranquillité publique. »

« 2° En ce qu'il devient aujourd'hui la chaire « de vérité, » au moyen de laquelle les idées libérales se répandent : « le patriotisme qui règne dans les « pièces dont le théâtre s'enrichit tous les jours, » porte l'esprit public vers la pratique « des grands « principes qui animent tous les bons citoyens. »

3° Enfin — c'est ici le côté pratique, — le spectacle est nécessaire en ce qu'il fait vivre un grand nombre de personnes, surtout à Cambrai, où « les représentations sont multipliées. » — Elles avaient lieu, on l'a vu, trois ou quatre fois par semaine.

Dorsan rappelle ensuite que les généraux commandant les corps d'armée, ont toujours en campagne autorisé l'établissement des spectacles près des camps, et les autorités compétentes donné la même autorisation dans les villes même bloquées : témoin Valenciennes.

La permission de continuer leurs représentations est accordée aux comédiens le même jour 6 août, « à la charge expresse de jouer chaque semaine : « *Caïus Graccus, Guillaume Tell, Brutus*, et autres « pièces patriotiques (2). » L'on aurait dû ajouter : conformément au décret du 2 du même mois ordonnant la représentation de ces ouvrages et autres

---

(1) On a vu plus haut le prix des places.

(2) Archives. — Théâtre. Voir aux pièces à l'appui les répertoires de 1792 et 1793.

« qui retracent les glorieux évènements de la Révolu-
« tion et les vertus des défenseurs de la liberté (1). »

Malgré l'offre d'une capitulation honorable, apportée le 8 août par un officier de Cobourg et immédiatement rejetée, tout se borne à une menace : le 13 la ville était débloquée.

Mais un autre genre de calamité lui était réservé : la dictature d'un « fou » sanguinaire, Joseph Lebon (2).

Le terrible représentant du peuple avait été envoyé dans le Pas-de-Calais et le Nord, par le comité de Salut public, le 9 nivose (29 décembre 1793), pour y faire triompher le gouvernement révolutionnaire, en exécution du décret du 14 frimaire (4 décembre) précédent.

Sur l'avis de son collègue Saint-Just, Lebon se rendait à Cambrai, le 16 floréal an II (5 mai 1794).

Il trouve que le théâtre, au lieu d'y être « un foyer

---

(1) Le décret instituait à Paris, des représentations données aux frais de la République et où l'on jouait les pièces que désigne la municipalité de Cambrai. — *(Bulletin des Lois)*.

(2) « Le Bon a été fou et attaché comme tel, quand il était
« oratorien, professeur de rhétorique à Dijon, et il a été fou de
« fanatisme. Il m'a avoué qu'alors s'il lui était venu une inspi-
« ration, il aurait tué son père....

« Son père et sa mère sont fous dans ce moment, sa mère est
« enfermée comme telle. »

(Lettre de Guffroy à Robespierre, 18 floréal an II. — *Deuxième Censure*, page 73).

Dans son *Histoire de Joseph Lebon*, pages 464 et 465, à la note, M. Paris qui cite cette lettre ajoute :

« Il est inutile de dire que la folie de Lebon et de sa famille
« prise au sérieux par quelques écrivains sur la parole de Guffroy,
« est une pure invention. »

« brûlant de patriotisme et l'école des vertus, » paraît plongé dans l'obscénité et l'insignifiance des pièces de l'ancien régime ; au moment où tout doit embraser les citoyens d'amour pour la liberté, on les appelle à la représentation des *Fourberies de Scapin*, etc. Et il ajoute : « cela n'arrivera plus (1). »

Cette pièce devait être jouée le 17 floréal, le lendemain même de l'arrivée du représentant à Cambrai. Il s'en plaint le matin au conseil général de la commune, lui demandant « quelles instructions patriotiques, les citoyens doivent retirer le soir, au spectacle, (2) » de la pièce annoncée. « Le conseil,
« poursuit-il, signifiera aux acteurs et actrices de ne
« représenter que des pièces civiques, lesquelles
« seront, avant la représentation, soigneusement
« examinées par ledit conseil.

« Si vos acteurs et actrices (ce qu'on ne peut sup-
« poser), n'avaient point dans leur répertoire les dites
« pièces civiques, ou se trouvaient incapables de les
« représenter après quatre ans de révolution, ils

---

(1) Lettre de Lebon à Saint-Just et Lebas, ses collègues, 18 floréal. — Elle a été publiée par M. E. Bouly : *Les Sciences, les Lettres et les Arts à Cambrai*.

(2) Il semble que Lebon ait pressenti l'arrêté du 18 prairial an II (6 juin 1794), pris par le Comité de Salut Public, relatif aux spectacles, et la circulaire de la Commission d'Instruction publique du 5 messidor suivant, qui en fut la conséquence, où on lit :

« Et vous écrivains patriotes qui aimez les arts, qui dans le
« recueillement du cabinet méditez tout ce qui peut être utile aux
« hommes, déployez vos plans, calculez avec nous la force morale
« des spectacles ; il s'agit de combiner leur influence sociale avec
« le principe du gouvernement ; il s'agit d'élever une école publique
« où le goût et la vertu soient également respectés. »

Le conseil général de la commune de Cambray est prévenu que les artistes du théâtre j'[?] ont été requis par le Représentant du peuple de se rendre ici pour y jouer des pièces civiques; en conséquence ledit conseil général est-requis de procurer auxdits artistes aide et protection.

à Cambray ce 26 Pluviôse l'an 2. de la R.f.fr.

Le Représentant du peuple
une et indivisible

[signature]

« seront arrêtés comme suspects à la diligence et sous
« la responsabilité des membres du conseil gé-
« néral (1). »

Or le 18 on affichait *Crispin, médecin!* nouvelle admonition de Lebon à la même assemblée. Celle-ci, en vue de se disculper ne trouve rien autre que d'intimer « pour exemple, » au directeur du théâtre, de se rendre, à l'issue du spectacle, pour vingt-quatre heures en la maison d'arrêt, après avoir substitué toutefois à la pièce incriminée, *L'Offrande à la Liberté* (2).

Cela ne pouvait satisfaire le tribun despote : huit jours après, le 26 floréal, « le conseil général.... est « prévenu que les artistes du théâtre d'Arras ont été « requis par le représentant du peuple, de se rendre « à Cambrai pour y jouer des pièces civiques; » le conseil devra « procurer aux dits artistes, aide et « protection (3). »

La troupe d'Arras était dirigée par Dupré-Nyon.

Dupré, possédé du démon du théâtre, s'était sauvé, en 1781, du petit séminaire de Beauvais, dirigé par les Jésuites de la congrégation de la Mission où il était élève. C'est sur la scène de ce pieux asile, où il s'essayait à l'art dramatique sous les yeux mêmes des Révérends Pères, que son penchant s'était développé. Il avait été — cela va sans dire — solen-

---

(1) Archives.

(2) Délibérations du Conseil général, et correspondance.

L'offrande à la Liberté — Scène religieuse sur la Chanson des Marseillais, par Gardel, musique de Gossec, représentée à l'Opéra le 20 octobre 1792.

(3) Archives. — Correspondance.

nellement excommunié dans la chapelle de l'établissement, pour ce fait qui le rendait à la liberté et à ses goûts.

En 1793, il obtenait la direction du théâtre d'Arras. Ayant eu la malencontreuse pensée ou l'audace d'y jouer « sans coupures » *Robert chef de brigands ou Le Tribunal redoutable*, il était arrêté et incarcéré le 21 septembre de la même année. Pendant quatre mois il subit « aux Baudets » — c'était le nom de la prison — une détention « alternative, » en ce sens qu'on le relâchait chaque soir pour aller remplir son rôle et ses fonctions au théâtre d'où on le ramenait coucher toutes les nuits à la maison de détention.

Il avait rencontré aux Baudets, parmi ses compagnons d'infortune, un marchand de Bapaume, M. Boucher, accusé de propos séditieux (1), et à qui sa fille apportait chaque jour la nourriture quotidienne.

Dupré s'éprit de la jeune personne aimable et jolie, et plus tard l'épousa. Ce ne fut, toutefois, que dix-huit mois après que le malheureux père transféré à Cambrai, le 16 prairial (4 juin), pour y être jugé par la section du tribunal révolutionnaire d'Arras, installée par Lebon dans l'ancienne ville métropolitaine, y eut été condamné à mort et exécuté sur la Grand'Place, le 3 messidor an II (21 juin 1794) (2).

Le 20 floréal (8 mai) précédent, Dupré avait été

---

(1) « Avait toujours fréquenté les aristocrates ; il avait dit lors « du cernement (sic) de Condé, que les ennemis y entreraient bientôt « et que les Français en seraient chassés. » (Paris, page 527).

(2) Jean Boucher avait 55 ans.

extrait de sa prison et conduit à la municipalité d'Arras, où la pièce suivante lui était remise :

« D'après les ordres du représentant Joseph Le Bon, « le citoyen Dupré-Nyon, directeur du spectacle, est « requis de se rendre de suite, avec sa troupe à « Cambray pour propager les principes républicains, « par des pièces analogues à la circonstance, sous « peine d'être considéré comme suspect et réincarcéré « *jusqu'à la paix* (1). »

Bientôt, entassée dans un chariot qui eût rappelé — n'avait été le péril de la situation — certaine odyssée du *Roman comique*, la troupe d'Arras faisait son entrée à Cambrai, précédée de Lebon à cheval, le feutre empanaché en tête, le sabre au côté, les pistolets à la ceinture.

Sur son ordre, le 26 floréal, « douze paires de drap » étaient mises « à la disposition du citoyen directeur et des artistes dramatiques, » par la municipalité (2).

La compagnie qu'ils allaient remplacer et dont Dorsan était le régisseur, comptait parmi ses pensionnaires Picard jeune (3), elle dut céder le théâtre aux nouveaux venus et se réfugia à Compiègne (4).

Lebon procéda à « l'épuration » de ses artistes en leur imposant, comme épreuve décisive de leur patrio-

---

(1) C'était la formule ordinaire : « Le gouvernement sera révo- « lutionnaire jusqu'à la paix. » (Décision prise par la Convention Nationale sur le rapport de Saint-Just).

(2) Ordre au district. Archives communales.

(3) L'auteur dramatique, célèbre depuis, avait alors vingt-cinq ans.

(4) Archives communales. — Théâtre : Correspondance.

tisme, de lui chanter « l'Hymne des Marseillais (1). » Quiconque ne le connaîtrait point, citoyen ou citoyenne, serait renvoyé (2).

Pour que tous les habitants pussent se réchauffer à ce « foyer brûlant de patriotisme, » comme Lebon avait nommé le théâtre dans sa lettre du 18 floréal (7 mai) à ses collègues Saint-Just et Lebas, il enjoignit à Dupré de donner, par décade, trois spectacles gratis « de pour et par le peuple. » *Guillaume Tell, Les Victimes cloîtrées, Les Visitandines, Les Rigueurs du cloître, L'Epoux républicain,* etc., etc., devaient y être successivement joués. Il ajoutait à cette injonction la promesse d'une indemnité de 400 francs par représentation : indemnité qui ne fut jamais payée (3).

(1) *Chant de guerre de l'Armée du Rhin,* tel est le titre sous lequel l'hymne national fut publié « à Strasbourg, chez « Th. de Dannebach; il parut en même temps, paroles et musique, « dans un journal constitutionnel : *Affiches de Strasbourg,* dont « Dietrich était directeur. Quant à le nommer la *Marseillaise,* « jamais l'auteur n'y avait songé : cette appellation lui vint des « bataillons marseillais qui, quelques jours avant le 10 août 1792, « arrivèrent à Paris sous la conduite de Barbaroux, en entonnant « dans les rues de la capitale les strophes retentissantes de cet « appel aux armes. »

(*Rouget de Lisle et la Marseillaise,* par Auguste Dietrich.)

(2) *Procès de Le Bon,* tome 1er, page 145.

(3) Voir pour les détails relatifs à la venue de la troupe d'Arras et de son directeur à Cambrai, une brochure intitulée : *Le directeur de spectacle destitué.* — *Manifeste de Dupré-Nyon, doyen des directeurs et breveté pour le premier arrondissement départemental du Nord et du Pas-de-Calais* (15 septembre 1826). Mons, imprimerie de Piérart.

— Nous devons la communication de ce document à la complaisance de M. V. Delattre.

En même temps il chargeait le conseil général de distribuer des billets aux indigents, ce qui fut exécuté (1).

Le représentant s'était érigé en censeur ; toutes les pièces devaient au préalable lui être soumises. Il y faisait les coupures que commandaient, croyait-il, les circonstances, se substituant ainsi aux droits que le décret du 12 janvier 1793 avait attribué aux municipalités.

Les jours de représentation gratuite, il se tenait au contrôle en costume officiel, puis ne dédaignait pas de se montrer sur la scène et de mêler sa voix au chœur des artistes chantant le vaudeville final de *Allons ça va!* ou entre deux pièces un chant patriotique annoncé, et quelquefois demandé spontanément par les spectateurs.

Il profitait même de la situation pour débiter à l'auditoire un discours « bien senti, » afin d'exalter dans tous les cœurs l'amour de la patrie.

Lebon s'était réservé une place spéciale dans la salle. Lors de l'une des représentations populaires, une femme ayant par ignorance occupé cette place, il s'élança furieux sur le théâtre pour se plaindre en termes violents de ce manque de respect envers lui, faisant contre le public une sortie véhémente et peu parlementaire, laquelle cette fois n'était point dans le programme.

Mais comme tôt ou tard « le caractère français » recouvre toujours ses droits, l'orateur se calma néan-

---

(1) Séance du Conseil général de la commune.

moins et finit par débiter des fadeurs aux actrices (1).

Cette déplorable situation se prolongea jusqu'à la fin de messidor, c'est à dire pendant deux mois et demi. Le 9 thermidor en empêcha le retour.

Par une sorte d'ironie du sort, le soir même de l'exécution de Jean Boucher, celui qui devait, on l'a vu, devenir bientôt son gendre, jouait *L'Epoux républicain* (2) devant Joseph Lebon !.....

C'est assez s'occuper de ce terrible et féroce personnage, qu'il suffise d'ajouter qu'après la chute de Robespierre, Lebon était arrêté à Paris, le 15 thermidor, à la Convention ; on connaît le dénouement fatal pour lui qui s'en suivit.

Le 26 thermidor, « le directeur du spectacle « ..... sous des motifs très-plausibles, et pour lui « servir de dédommagement sur les pertes qu'il « éprouve, vu que son spectacle est peu suivi, (on ne « le comprend que trop), demande d'être autorisé à « donner les décades, des bals et des fêtes civiques. »

Cette autorisation lui est accordée séance tenante, par le conseil général, pourvu que le pétitionnaire se conforme « aux lois de police et de bon ordre » (3).

Lebon abattu, ceux qu'il a opprimés relèvent la tête. Le 6 fructidor, les comédiens qu'on avait chassés pour faire place à leurs confrères d'Arras, réclament, de Compiègne, à la municipalité de Cambrai, une

---

(1) Ces faits nous ont été transmis par des témoins oculaires, membres de notre famille.

(2) Comédie de Pompigny, représentée dans les derniers mois de 1793.

(3) Séance du Conseil général.

indemnité pour le tort qu'on leur a causé en les expulsant, ou leur réintégration. On leur envoie..... un certificat de bonne conduite ! (1).

Cambrai, comme presque toutes les communes de France, avait vu se fonder dans ses murs au début de la Révolution, une société populaire qui était son « club des Jacobins. » Cette société composée d'enthousiastes du nouveau régime, jalouse d'apporter son offrande et son aide à la patrie en augmentant le nombre de ses défenseurs, équipa à ses frais quelques cavaliers qui prirent le nom de « cavaliers jacobins (2). »

Elle fit, à cet effet, appel au généreux patriotisme de ses concitoyens pour augmenter le nombre de ces soldats improvisés et concourir à la dépense de leur mise sur pied.

A cet appel il avait été répondu par différents moyens dont l'un fut une représentation théâtrale (3), qui doit être naturellement indiquée ici.

En septembre 1794 on distribuait en ville des billets imprimés sur papier bleuâtre où se lisait le texte suivant encadré d'un filet en torsade :

« Liberté Egalité.

« Les jeunes élèves de la citoyenne VANESBECQ, « voulant faire hommage à leurs concitoyens des

---

(1) Archives communales. — Correspondance.

(2) On en équipa dix-sept, satisfaisant du même coup à la réquisition dont la ville avait été frappée en hommes à fournir.

(3) Le 29 messidor des « amateurs » avaient aussi donné spectacle « au profit des défenseurs de la patrie. » — Archives communales : Théâtre.

« prémices de leur éducation républicaine, se propo-
« sent de leur donner décadi 30 fructidor deuxième
« année républicaine, dans la salle ordinaire de cette
« commune, une représentation de

« L'INTÉRIEUR D'UN MÉNAGE RÉPUBLICAIN

« *Vaudeville républicain en un acte ;* (1)

« Cette pièce sera terminée par

« UN BALLET.

« Animées du désir d'être utiles à la patrie, elles
« ont imaginé ce moyen pour contribuer à sa
« défense, en destinant le produit de la recette du
« spectacle à l'équipement d'un cavalier jacobin ;
« elles vous sollicitent de coopérer avec elles à pouvoir
« faire ce don à la République, et espèrent que votre
« indulgence en leur intention suppléra (sic) à ce qui
« peut manquer à leurs talents.

« Prix et heure ordinaire (2). »

D'autres spectacles « d'amateurs » furent encore
donnés dans un but charitable ou patriotique pendant
la période révolutionnaire ; un entre autres, dont les
entrepreneurs désintéressés se virent interdire, le 10
frimaire an v (30 novembre 1796), par l'autorité
municipale la représentation, « comme n'étant plus
de saison, » de la pièce intitulée : *Le Souper des*

---

(1) Par le citoyen Chastenet (ci-devant Puységur), représenté
sur le théâtre de l'Opéra-Comique national, le 15 nivôse an II
(4 janvier 1794).

(2) Ce billet mesure 0,092 m. m. en hauteur sur une largeur de
0,146 m. m. (collection V. Delattre).

Jacobins, composant avec *Le Château du Diable, Amphitryon, Charles IX* et *Le Déserteur*, drame, le répertoire de ces comédiens par occasion (1).

Malgré le trouble du moment, la législation théâtrale alors que l'on édictait tant de lois nouvelles et tant de nouvelles lois, n'avait pas été oubliée. C'est ainsi que sont successivement promulgués :

Le décret du 16 août 1790, établissant à la charge des théâtres et spectacles divers, un droit des pauvres sur le prix d'entrée.

Le décret de l'Assemblée nationale, du 23 janvier 1791, sauvegardant les droits d'auteurs.

La loi du 6 août même année, défendant la représentation des œuvres dramatiques sans le consentement formel et par écrit des auteurs.

Le décret du 12 janvier 1793, autorisant les corps municipaux à censurer les pièces de théâtre.

Le décret du 19 juillet même année, relatif aux droits de propriété littéraire, des compositeurs de musique, des peintres et des dessinateurs.

Le décret du 14 août suivant, donnant, aux conseils des communes, le droit de diriger et de composer les spectacles.

Le décret de la Convention nationale du 1er septembre même année encore, rapportant la loi du 30 août 1792 relative aux ouvrages dramatiques et ordonnant l'exécution de celles des 13 janvier 1791 et 19 juillet 1793.

(1) Archives. — Théâtre.

La loi du 25 prairial an III (13 juin 1795) interprétative de celle du 19 juillet 1793 (vieux style).

La loi du 27 novembre 1796 fixant le droit des pauvres à un décime par franc de recette. Etc. etc.

Et d'autres lois, décrets et arrêtés, réglant les mesures d'ordre et de sûreté applicables aux théâtres et aux représentations.

L'intérêt qui s'attache aux évènements s'augmente en raison directe de leur éloignement. Quand le calme se rétablit en France, quand tout y eut été réorganisé, le théâtre, comme le reste, soustrait à ce qu'il pouvait y avoir encore de spécialement arbitraire dans son régime, obéit à des lois, les mêmes pour tous.

Le décret impérial rendu à Saint-Cloud, le 8 juin 1806, avait tout codifié, déterminant jusqu'au nombre des scènes dans les villes, suivant l'importance de celles-ci; leur assignant à chacune leur genre; déterminant la quantité de troupes dites d'arrondissement et de troupes ambulantes qui pouvaient les exploiter après en avoir obtenu le privilège du ministre de l'intérieur; sauvegardant de nouveau d'une manière efficace, dans l'intérieur de l'Empire, les droits des auteurs sous la surveillance directe des municipalités. Aucune part n'y était laissée à l'imprévu, la morale même y était réglementée. Mais par un esprit de centralisation effréné, les divertissements publics étaient mis du même coup sous la complète dépendance du pouvoir de l'Etat. Dès lors l'histoire des spectacles est d'une égale et monotone unité.

Sans doute des incidents isolés dans leur variété,

viennent rompre pour une ville, voire pour une scène, cette monotonie ; mais ce sont là de menus détails auxquels donnent naissance la vanité, une rivalité, un caprice, l'influence d'un minois agaçant, un éclair de passion, un grain de folie — on trouve de tout au théâtre — incidents qui relèvent seuls du « fait divers » de la « chronique locale » et manquent d'autant plus d'intérêt historique en général, qu'ils sont plus personnels et souvent dans la mémoire de tous.

Il faut donc se borner désormais à retracer à grands traits les péripéties par lesquelles passèrent nos salles de spectacle successives jusqu'à la dernière ; en y ajoutant quelques souvenirs relatifs à leur exploitation.

Le théâtre de la rue Scache Beuvons (1), nommée le 28 brumaire an II (18 septembre 1793), par délibération du conseil général de la commune « rue Molière » et plus tard, par un arrêté du maire du 6 fructidor an X (25 août 1802) « rue de la Comédie, » le vieux théâtre avait fait son temps. Outre son délabrement, il était devenu, par son état de ruine, dangereux pour la sûreté publique. L'administration songea sérieusement à le remplacer.

On choisit à cet effet un vaste salon de l'hôtel de ville, pour le transformer en salle de spectacle.

En 1806, des plans sont en conséquence demandés à M. Devarlez-Lepers, architecte à Lille ; le chiffre élevé de la dépense à faire et la crainte exprimée par

---

(1) Cette voie, à l'origine, menait à l'ancien Mont des Bœufs, où se trouve aujourd'hui la citadelle.

l'architecte de la ville, M. Boileux, d'ébranler au cours des travaux, les vieux bâtiments de « l'hôtel commun, » mettent obstacle à l'adoption de ces plans.

On se rejette alors sur une dépendance du même monument, située derrière l'hôtel de ville, dont elle était séparée par une vaste cour. C'était une vieille construction alors occupée par l'octroi municipal et que l'on désignait sous ce nom « la grange, » M. Devarlez est vivement pressé par le maire, M. Douay, de fournir un nouveau projet que le manque de ressources fait encore abandonner.

L'année suivante, une nouvelle idée surgit : on veut élever la salle de spectacle sur partie de l'emplacement occupé avant la Révolution, par l'église métropolitaine détruite, à l'endroit où se trouvait la tour surmontant le portail, sur un terrain appartenant à la ville.

M. Thiery, architecte à Paris, est chargé de faire les études nécessaires ; son devis atteint 150,000 francs et, au dire du même M. Boileux, dépassera certainement ce chiffre.

Simultanément, M. Mary, ingénieur des ponts et chaussées, présentait *proprio motu*, un contre-projet comportant la place nécessaire pour 1,200 spectateurs et dont la dépense à couvrir par une souscription, ne devait point dépasser 115,000 francs. Cette souscription ayant été ouverte n'en donna que 60,000.

M. Mary fait alors un autre plan plus modeste réduisant le nombre des spectateurs à 800. Ce plan offre de plus l'avantage d'augmenter les ressources de la ville par la location de diverses dépendances annexes (1).

Cette salle « omnibus » a le sort des précédentes, faute d'argent toujours.

Les choses restent en l'état jusqu'en 1811, où le préfet du Nord, le baron Duplantier, consulté lors d'une visite à Cambrai, sur le choix du lieu le plus convenable à l'érection du théâtre « vivement réclamé par la population » et devenu légendaire, choisit également la place de l'église démolie. Il ajoute que l'on pourrait de plus y édifier une halle, demandée par le commerce des grains, et employer à cette double construction les nombreux matériaux encore amoncelés sur le sol et que l'acquéreur du domaine national, Blanquart de Saint-Quentin, n'avait pas pu ou pas voulu enlever.

Un arrêté préfectoral du 11 mai, autorise la ville à acquérir le terrain de l'ancienne cathédrale et les petites maisons jadis adossées au monument, le tout contigu à deux places publiques (2).

Le 13 du même mois, le maire, M. Alexandre

---

(1) Par la location, dit le projet « d'une grande salle qui se « trouveroit au-dessus du vestibule et du péristile et serviroit « pour les bals publics ou de société, les concerts, les repas offi- « ciels, les grandes réunions ; le vestibule et ce péristile pour- « roient servir de bourse pour l'assemblée des négociants, « moyennant un loyer annuel de leur part ; un café seroit « affermé, etc., etc. » (Rapport au maire par M. J. M. Boileux, architecte, 9 juillet 1807). — Archives communales. — Théâtre.

Tous les détails qui suivent, sauf indication contraire, sont puisés à la même source.

(2) Les places *Verte* et *Sainte-Croix*.

Frémicourt (1), s'adresse à son tour à M. Devarlez en lui disant : « Il ne s'agit donc plus que de « présenter des plans dignes de l'approbation supé- « rieure et qui puissent convenir au vœu des « habitants ; » et il le presse d'y « travailler sans désemparer (2). »

Le 3 avril 1812, ces plans exigeant une dépense de 147,667 francs 51 centimes, étaient soumis au ministre qui ne les approuvait pas et ordonnait de les recom- poser d'après les indications du conseil des bâtiments civils.

Pendant ce temps le danger qu'offrait la vieille salle allait croissant. Le 8 août 1812, le maire invitait la propriétaire, Madame veuve Goury, à permettre au commissaire de police, agissant au nom de la sûreté publique, l'entrée du bâtiment, qu'elle lui avait refusée jusqu'alors, afin d'en constater légalement l'état. En cas d'un nouveau refus défense serait faite, par voie judiciaire, — en vertu de l'article 2 du décret impérial du 24 frimaire an XIV — de louer le théâtre à la troupe d'arrondissement, dirigée par M. Saint-Romain qui devait y débuter le 13 et l'occuper pendant toute la durée de la fête communale.

L'année suivante, M. Lequeux-Frémicourt se rendait acquéreur du monument pour en faire un établis- sement industriel.

(1) Il avait remplacé M. Douay le 1er décembre 1810.

(2) Devarlez avait été également chargé de l'élaboration du projet de monument à élever à Fénelon, et pour lequel le préfet du Nord, M. de Pommereuil, avait attribué à l'architecte, par arrêté du 16 novembre 1810, une allocation de 5,617 fr. 53 centimes, que la ville trouva excessive, mais qu'elle paya néan- moins. (Lettres du 13 mai 1811 et du 22 janvier 1817).

Le directeur alors privilégié pour le vingt et unième arrondissement théâtral, dont Cambrai faisait partie, M. Ribié, se voit par cette vente menacé de ne pouvoir jouer, faute de local et s'en plaint au préfet. Sur les observations de ce dernier le nouveau propriétaire consulté, en affirmant son projet ajoute qu'il en ajourne l'exécution, et le spectacle a lieu.

En cette même année 1813, de nouveaux plans avec devis de 193,520 francs étaient adressés à « Son Excellence, » le 10 juillet. Ils n'obtenaient pas un meilleur accueil et une décision ministérielle du 22 septembre, chargeait M. Dédeban, architecte à Paris, d'une nouvelle étude (1).

Comme si une sorte de fatalité se fût attachée à cette affaire, l'œuvre de Dédeban n'était pas non plus agréée.

En même temps qu'il faisait connaître sa décision, le 6 avril 1815, le ministre invitait d'office, M. Thiery à faire, d'après l'esquisse du conseil des bâtiments civils et le travail de M. Devarlez, un autre projet, le troisième de ceux qui avaient été soumis à l'autorité supérieure et le huitième par ordre de création.

L'ancien théâtre dont les murs étaient sillonnés de profondes lézardes, menaçait d'une chute imminente. Sur la plainte d'un voisin on constate par expert, le 20 octobre, « l'état des lieux, » et le procès-verbal de constatation concluant à la nécessité d'une prompte démolition, un arrêté du maire, M. Douay fils, pris le

---

(1) La ville lui paya le 18 juillet 1815, pour ce projet, 1,000 fr. d'honoraires.

29 novembre suivant, ordonne qu'il y sera procédé sans délai.

— Destinée singulière : dix-huit mois plus tard, en 1817, sur l'emplacement de « la comédie, » l'évêque Belmas élevait la chapelle de son petit séminaire y attenant. —

La ville présentait en mai 1816, à l'acceptation du ministre, un quatrième-neuvième projet demandé encore à Devarlez, pour l'emplacement de la métropole toujours, et qui s'élevait à 93,482 francs 83 centimes : l'état des finances communales s'opposant à ce que l'on dépassât une centaine de mille francs.

Entre temps, comme il fallait sortir — provisoirement du moins — de la situation critique créée par l'absence complète de théâtre, le préfet autorisait la ville, le 18 mai 1816, à donner avis, par voie d'affiche, à qui voudrait construire « une salle de « comédie sur le travers de la partie haute de la « Place au Bois (1), » que les soumissions seraient reçues jusqu'au 15 juin suivant.

Il était loisible de ne pas suivre le plan spécial — un croquis plutôt — qui venait d'être « rédigé » par Devarlez encore, exprès pour la circonstance, le 21 mars précédent, et d'en présenter et faire agréer un autre.

L'entrepreneur devait opérer à ses risques et périls et rester propriétaire de son œuvre jusqu'à rétrocession à la ville au bout d'un nombre d'années à convenir.

---

(1) Pour ne gêner en rien alors l'érection définitive à faire sur le terrain choisi en 1811.

Le privilège exclusif des bals publics et l'exemption des impôts dus par l'immeuble « dont le fond impro-
« ductif appartenait à la ville, » lui étaient garantis.

Il pourrait employer les matériaux de l'ancienne église métropolitaine, à charge de déblayer complètement le terrain, et devait terminer le tout dans un très-court délai.

— Aucun adjudicataire ne se présenta !

Moins de deux mois après, le 5 juillet, le ministre trouvait le quatrième projet de Devarlez, qui lui avait été présenté en mai, « inexécutable sans de nombreuses
« modifications et le lieu d'érection (la place de l'église) inconvenant. » Mais il approuvait par contre, le 16 octobre suivant, les plans commandés par lui à Thiery le 6 avril 1815 et dont l'exécution devait coûter 298,764 francs 50 centimes !

Le ministre fixait en même temps à 1,800 francs la première part d'honoraires à payer par la ville à Thiéry.

Le préfet comprenant l'impossibilité d'une pareille dépense, invite le 27 février 1817, le conseil municipal à la refuser, pour une « ville où la population
« — dit-il — n'est point assez forte pour alimenter
« un spectacle permanent. » — Cambrai ne comptait alors que 16,000 habitants (1).

On résista donc d'abord à l'injonction réitérée de payer ; mais

« Alors contre un ministre on ne pouvait lutter, »

il fallut bientôt se soumettre. On s'exécuta en août, après remise des plans.

(1) 15,899 habitants.

Par suite on demandait à M. Thiery de nouvelles modifications, réduisant les frais de construction à 200,000 francs et le nombre des places à 800.

L'occupation des armées alliées rendait indispensable un théâtre à tout prix ; après l'adjudication avortée du 18 mai, un entrepreneur de Cambrai, M. Ronnelle, utilisant les fondations faites en 1769 par Jacquet (1), sur le travers de la Place au Bois, et qui étaient restées enterrées, y élevait à ses frais et à l'aide de quelques souscriptions d'amateurs, une salle « d'attente, » en charpente et en planches où les spectateurs, les jours d'orage, ne pouvaient se risquer sans parapluie et où l'on gelait en hiver (2).

M. Ronnelle s'était réservé le droit de louer, à telle compagnie qu'il lui conviendrait, en dehors des tournées privilégiées, en dédommageant la troupe d'arrondissement si elle venait à l'exiger (3). C'est en vertu de cette réserve qu'une troupe anglaise donna des représentations sur cette scène, en 1817 (4).

M. Ronnelle ne fit point difficulté de reconnaître tous les inconvénients de sa « baraque » comme l'appelait irrévérencieusement l'administration municipale (5). Il entreprit alors d'élever avec « le secours de ses seuls deniers (6) » sur le terrain de l'ancienne

(1) Voir à cette date, plus haut.
(2) Correspondance du 1er août 1817 et passim.
(3) Archives. — Correspondance du 17 juin 1817.
(4) Police. — Théâtre, troupes privilégiées, 1816-1817.
(5) Lettre du 10 juillet 1817.
(6) Bien que le maire dans son discours pour la pose de la première pierre de la salle actuelle ait affirmé le contraire. (Voir

tour métropolitaine qui lui appartenait (1), un théâtre plus confortable et plus décent, à murs de pierre et de briques, dont les dispositions intérieures, loges, escaliers, etc., étaient également en bois.

En mars 1818, l'entrepreneur informait le maire, M. Béthune-Houriez, que la nouvelle salle serait entièrement achevée au commencement d'avril (2).

En conséquence un arrêté municipal en forme de réglement, approuvé par le préfet le 1er avril, fixa les mesures de police et de sûreté destinées à parer à tous inconvénients et à prévenir tous accidents.

Chaque directeur de spectacle devait au propriétaire une indemnité de quarante francs par soirée (3).

Des célébrités lyriques et dramatiques vinrent en représentations sur ce théâtre, comme on le verra plus loin.

Cette salle, dont le public s'affola au début parce qu'elle était nouvelle et qu'elle donnait à la population une demi-satisfaction était, disent ceux qui l'ont

---

ce discours aux pièces à l'appui). Seule, la main d'œuvre du pavage de la voie publique devant la salle, fut donnée par l'administration municipale à l'entrepreneur qui fournit les grès et le sable. (Lettre du 3 juin 1818).

(1) M. Ronnelle avait acquis également des terrains environnants, provenant de l'ancien archevêché; c'est à lui que l'on doit la conservation du triple portique sculpté du palais épiscopal élevé en 1620 par Vanderburch et connu sous le nom de « palais Fénelon, » parce que ce prélat y a résidé.

Ce portique a été entièrement restauré en 1881, par les soins et aux frais de M. Bocquet, conseiller municipal, le propriétaire actuel.

(2) Lettre du 17 mars 1818.

(3) Lettre du 18 novembre 1818.

connue, « assez commodément distribuée, sans avoir rien de monumental (1). » Mais elle ne tarda pas à être trouvée défectueuse ; on lui reconnut ou on lui attribua des inconvénients plus ou moins réels. Bref, cette petite scène n'était pas encore ce que l'administration et les habitants « avaient rêvé, » et la question du théâtre n'en demeurait pas moins « à l'ordre du jour. »

Cette question qui se résumait alors, pour plans, honoraires et frais divers, en une dépense de 21,500 francs, supportée sans résultat appréciable par la caisse municipale, resta de rechef, près de dix ans pendante, au bout desquels un jeune architecte valenciennois, tout frais sorti de l'Ecole royale d'architecture de Paris, désireux de se fixer dans la région, traçait les plans d'une salle de spectacle à ériger au centre d'une des places de Cambrai, la *Place Verte* (2) ; puis, usant de diplomatie, il faisait hommage de son projet à l'administration de cette ville.

Le 18 février 1827, un rapport était présenté sur ce sujet au conseil municipal (3) et l'on soumettait peu

---

(1) E. Bouly. *Dictionnaire Historique de Cambrai.* — Article : Théâtre.

(2) Cette place située à proximité du théâtre élevé par M. Ronnelle, avait été créée par la démolition de la partie sud du transept de l'ancienne église métropolitaine.

(3) Ce rapport débute ainsi :

« Une salle de spectacle manquait à Cambrai, les malheurs des
« temps, des circonstances particulières, des dépenses plus
« urgentes, avaient fait ajourner plusieurs fois, la proposition
« d'en élever une, digne au moins de porter ce nom : et le voyageur
« étonné cherche vainement encore, aujourd'hui, dans une cité
« industrieuse, l'une des plus importantes du Département,
« renommée par l'amour qu'elle porte aux Beaux Arts et par la
« protection spéciale qu'elle leur accorde, dans une cité décorée du

après, le 5 juin, les nouveaux plans à l'examen du commandant d'artillerie de la place, M. Barré, résidant alors à Valenciennes.

M. Barré après entente avec l'auteur, proposa aux dessins quelques changements et plus encore au devis d'indispensables additions. Le tout accepté par la ville était soumis au ministre de l'intérieur, en octobre.

L'approbation ministérielle, à charge de modifications de détails, est accordée dans les premiers mois de 1828 ; l'adjudication des travaux se fait le 24-31 mai (1) au bénéfice de M. Godin, entrepreneur à Lille, moyennant une dépense de 111,248 francs.

Le 21 avril 1829 avait lieu, « en présence des autorités civiles et militaires, » la pose officielle de la « première pierre. » Sous le perron on plaçait dans une niche, ménagée à cette fin, un coffret de chêne revêtu de plomb et renfermant outre les plans de l'édifice et le procès-verbal de la cérémonie, sur parchemin, une médaille commémorative (2), une

« titre de bonne ville, un monument devenu nécessaire à ses
« plaisirs, disons même à ses besoins.

« Un jeune architecte déjà avantageusement connu de vous et
« dont le talent égale le désintéressement, enflammé du noble désir
« d'augmenter sa réputation en attachant son nom à un tel édifice,
« vous fit hommage de ses plans, etc. » Le rapporteur, M. Lallier, poursuit sur ce ton pendant deux grandes pages.

(1) Correspondance du 5 mai 1831.

(2) Cette médaille, du module de 52 millimètres, présente la tête nue de Charles X à gauche avec la légende *Carolus X rex Franciæ*. A l'exergue : *Gayard f.*

Au revers, entouré d'un simple cordon, on lit :

« Le 21 avril 1829
« 5ᵉᵐᵉ année
« du règne de Charles X
« MM. le vᵗᵉ Alban de Villeneuve

autre médaille frappée pour le passage récent de Charles X à Cambrai et une série de monnaies au millésime de 1829. Le maire prononçait à cette occasion, un discours non moins officiel, flatteur jusqu'à l'adulation pour le pouvoir, injuste pour M. Ronnelle à l'intelligence et au bon vouloir de qui l'on devait, au demeurant, de n'avoir pas été privé de spectacle pendant de longues années (1).

> « Cons^{er} d'Etat étant préfet du Nord
> « C. de Garsigny sous préfet
> « Lepage et Lallier
> « Cons^{rs} municipaux à ce délégués
> « De Baralle architecte
> « La première pierre
> « de la salle de spectacle
> « de Cambrai
> « a été posée
> « par Mr Béthune-Houriez
> maire. »

(1) Voir ce discours, suivi du procès-verbal de la pose de la première pierre, aux pièces à l'appui.

Déjà le maire, M. Béthune-Houriez, écrivant au sous-préfet le 24 septembre 1827, pour le prier d'accélérer en ce qui lui incombait, l'approbation des plans de la nouvelle salle, par le préfet, s'était exprimé comme suit :

« Je ne crois pas inutile de vous représenter que le local qui
« sert actuellement de salle de spectacle est une grange que l'on a
« adaptée autant qu'il était possible à l'usage du théâtre, que le
« bâtiment est insolide, malsain, incommode, qu'enfin depuis
« longtemps les habitants désirent de voir s'élever sur l'ancienne
« place Verte une salle digne de la ville par son architecture et
« par tous les perfectionnements que le progrès des arts a intro-
« duits dans cette espèce de monument. »

Et le maire terminait par cette phrase qui donne la note dominante de l'époque :

« Enfin je ferai observer qu'en construisant cette salle sur la
« place Verte, on évite l'inconvenance d'ériger un édifice profane
« sur l'emplacement d'un ancien monument religieux. »

L'évêque Belmas, dix ans auparavant, s'était montré moins .....scrupuleux

— Les travaux marchent lentement et, lorsque après la Révolution de 1830, une nouvelle administration municipale remplace l'ancienne, on constate que par la négligence de l'entrepreneur et le peu de confiance qu'inspire sa solvabilité à ses sous-traitants, le crédit de 111,248 fr., montant de l'adjudication, est excédé de 10,000 francs ! On ne pouvait maintenir plus longtemps M. Godin à la tête de son entreprise : il est contraint de se retirer (1).

Ce qui reste à faire, estimé 50,000 francs (2), s'exécutera par voie d'économie. Le maire, M. Tafin-Sauvage, prend un arrêté dans ce sens, le 12 avril 1831.

Un groupe d'entrepreneurs cambresiens s'entendent alors et sous la direction morale de l'un d'eux, M. Brunelle entrepreneur de maçonnerie, — la direction effective des travaux restant confiée à l'architecte, — tous s'engagent solidairement, le 20 avril, à terminer la construction complète dans un délai de soixante-quinze jours après notification à eux faite de la réouverture des chantiers.

Mais les contestations survenues entre la ville et Godin par suite de la déchéance de ce dernier, retar-

---

(1) En exécution de l'article 15 du cahier des charges portant : « Si l'ouvrage languit faute de matériaux, ouvriers, etc., et que « l'on conçoive des craintes pour le non achèvement de l'ouvrage « dans le délai prescrit, les travaux pourront être mis en régie « provisoire, dirigée par l'architecte, sans autre formalité que celle « de la notification de l'ordre spécial du préfet ; si le bien du « service l'exige, le préfet pourra ordonner une adjudication nou- « velle à la folle enchère de l'entrepreneur. » (Lettre au sous-préfet, 5 mai 1831).

(2) Même lettre.

dent la mise à exécution de cet engagement (1). Enfin après approbation par le ministre du supplément de crédit nécessaire, ordre est donné le 25 mai 1831, de se remettre à l'œuvre.

Le lundi 15 août suivant avait lieu l'inauguration du nouveau théâtre par la troupe d'arrondissement, jouant l'opéra, sous la direction de M. Delorme.

Le lendemain mardi, une représentation était donnée au bénéfice des indigents (2).

Le 12 août, l'ouverture de la salle étant proche, le maire en vertu de l'article IV de la loi des 16-24 août 1790 et de celle du 19 janvier 1791, rendait obligatoire un règlement en trente et un articles, visant la conservation et l'entretien du théâtre en même temps qu'il

---

(1) Les pièces relatives à ces contestations forment un volumineux dossier qui se termine par un arrêté préfectoral fixant à 126,395 fr. 70 c. la somme à payer à Godin, tombé en faillite, pour liquidation, sauf déduction des à-comptes déjà versés.

(2) *La Feuille de Cambrai* avait à cette occasion publié dans son n° de samedi 13 août, le communiqué suivant :

« Lundi 15 août 1831 — ouverture de la nouvelle salle. —
« Beaucoup de loges étant demandées, les personnes qui désirent
« en conserver sont invitées à s'adresser à M. Delorme. (Suit
« l'adresse). Les loges devront être complétées à six personnes ;
« le prix de la loge est de 15 francs.

« Mardi 16, une représentation sera donnée au bénéfice des
« indigents.

« . . . .

« Il sera loué aussi des loges au second rang, au prix de
« 10 fr. 50 c. pour six places. »

— Le 24 octobre suivant les princes ducs d'Orléans et de Nemours, de passage à Cambrai, assistaient au spectacle où une très-jeune actrice chantait *la Marseillaise*, (n° du 26 octobre).

pourvoyait à l'ordre à y maintenir et à la sûreté des spectateurs (1).

Au nombre des mesures prises on remarque l'obligation pour le directeur de commencer ses représentations à six heures et de les terminer à dix heures et demie au plus tard, sauf les jours de kermesse (article 24).

L'éclairage des corridors et des escaliers était à la charge de l'entrepreneur du spectacle (article 28).

Par un autre arrêté — resté sur ce point du moins en projet, — la salle devait être donnée gratuitement aux troupes dramatiques ou lyriques, mais en compensation le directeur devait acquitter les traitements du concierge et du machiniste. Il fallait que ce dernier fût tout à la fois « menuisier, charpentier, mécanicien et peintre en décors (sic)!!!! » On conçoit que la ville dut en rabattre : les bénéfices de l'impressario, quand bénéfice il y a — quelquefois — n'eussent point suffi à payer les talents collectifs d'un tel artiste.

La contenance du terrain occupé par le monument est de 583 mètres 52 centimètres carrés. La construction tous frais compris, a coûté 191,550 fr. 11 c.

La décoration de la salle et les décors de la scène, peints par Biet, entraient dans ce chiffre pour une somme de 20,000 francs (2).

(1) Il nous a paru inutile de reproduire ce règlement, depuis abrogé, et ne contenant d'ailleurs que des mesures d'ordre et de sécurité.
Nous donnons le dernier, promulgué en 1866.
(2) Lettre de De Baralle, 31 août 1857.
Cette dépense se décompose ainsi :
1er. Adjudication au profit de Godin, 126,395 fr. 70 c.
2e. Adjudication au profit de Brunelle, 49,854 fr. 41 c.
Peinture du plafond et partie des décors, 15,300 fr.

L'architecte, M. André De Baralle, renonçait aux honoraires auxquels il avait droit et moyennant cette renonciation obtenait d'être nommé architecte de la ville (1).

La salle forme un rectangle de 39 mètres de long, compris l'avant-corps, sur 17 mètres de façade.

Cette façade présente en saillie une triple arcature avec deux ordres superposés : dorique au bas et ionique, avec balcon au-dessus, surmonté d'un fronton triangulaire.

Au rez-de-chaussée trois portes principales ouvertes sur un même plan donnent directement accès dans le vestibule, sous le foyer du public établi au premier étage à hauteur du balcon.

Ce foyer est flanqué d'un vestiaire et, en regard, d'un buffet.

(1) Le maire, dans une lettre adressée le 30 juillet 1827, à M. Lepage conseiller municipal, commissaire aux travaux du théâtre, après avoir récapitulé les dépenses prévues devant s'élever à 111,807 fr. 03 c., ajoutait : « Je n'ai point additionné les « 8,385 fr. 97 c., importance des honoraires de l'architecte, puisque « M. De Baralle y renonce à cause de sa nomination à la place « d'architecte de cette ville. »

— Pour la même raison, M. De Baralle avait également abandonné, par prévision, ce qu'on aurait dû lui payer pour la restauration à faire de la Bibliothèque communale. (Lettre du maire au sous-préfet, du 24 septembre même année).

— Le 9 décembre 1832 la salle était assurée contre l'incendie pour une valeur de 130,000 francs sur le bâtiment et de 20,000 fr. sur le mobilier et les décors, soit 150,000 francs au total, moyennant une prime de 750 francs. Depuis cette police a été plusieurs fois augmentée; elle est aujourd'hui (1883) de 225,000 fr. pour le bâtiment et 8,000 fr. pour le mobilier, au total 233,000 francs répartis par moitié, entre deux compagnies. La prime s'élève, pour le tout, à 845 francs.

La salle compte trois rangs superposés de galeries, dont deux avec loges. Elle contenait à l'origine 800 places réparties entre un parquet et un parterre, des loges et une galerie de premières; des loges de face et des galeries de côté de secondes; une troisième galerie avec amphithéâtre.

La scène n'est isolée de la salle, par des murs de refend, que jusqu'à la naissance du comble. La charpente court sans interruption d'une extrémité à l'autre du bâtiment.

Le théâtre compte cinq plans de profondeur, il a trois dessous et permet par l'agencement complet de sa machination la représentation des féeries (1).

L'ensemble n'est pas exempt de critique :

Sous le rapport de l'effet général, la hauteur est exagérée, ce que ne justifie aucune nécessité de service, ni la commodité du public.

Les couloirs d'abord d'une largeur suffisante sont aujourd'hui, au premier étage d'une étroitesse dangereuse, par l'adjonction en avant des loges, mises alors en retraite sur ces couloirs, d'une galerie de deux rangs de sièges, dont l'architecte n'avait pas prévu l'établissement.

Les points d'appui, en colonnes, soutenant cette galerie sont trop nombreux et encombrent inutilement le parterre.

La devanture des loges, perpendiculaire au sol est

---

(1) En 1842, le gaz d'éclairage fut partout substitué à l'huile; cette amélioration, matériel compris, coûtait à la ville 2,793 francs 35 centimes. (Lettre du 23 mai).

une gêne considérable pour les spectateurs placés dans ces loges.

La scène manque d'encadrement et n'a pas d'avant-scène, inconvénient grave pour les artistes lyriques surtout qui ont grand'peine à se faire entendre de la salle.

Le plancher du théâtre est trop élevé ; les dépendances réservées aux acteurs, loges, foyer, etc., sont mal distribuées.

La sortie est dangereuse pour le public à cause de la multiplicité des degrés aux portes du parquet et du parterre et par la disposition à marches volantes et sans paliers de repos des escaliers desservant les différentes galeries. Le même danger existe aussi pour les artistes, pour les mêmes raisons.

En 1857 le conseil municipal frappé des inconvénients, de l'incommodité et de l'exiguité de la salle de spectacle, faisait étudier par M. Lehmann, architecte à Paris, un projet d'agrandissement :

« On avait fait des plans fort beaux sur le papier,
« Où le chétif enclos se perdait tout entier. »

Mais il n'y fut pas donné suite à cause de la dépense.

En 1859, le 2 décembre, d'après une délibération du conseil municipal en date du 1er juillet précédent, l'administration décide qu'il sera ouvert un concours pour la construction d'un théâtre sur un terrain, récemment déblayé, de 55 mètres de longueur sur 22 mètres de largeur, moyennant un crédit de 450,000 francs.

Le programme de ce concours, avec primes, est publié le 4 juillet 1860, la clôture en est fixée au 1er janvier 1861. Quatre projets sont présentés, mais suivant un usage qui semble érigé en principe, on paie les primes promises (3,000 francs) (1) et l'on n'adopte aucun de ces projets « par défaut de ressources » toujours, et aussi, il faut le dire, parce que l'exécution de l'un ou l'autre des plans primés eût excédé de beaucoup la somme fixée par le conseil.

A la suite de ce pseudo-concours, dont M. Lehmann avait été l'un des juges (2), le projet d'agrandissement de la salle, antérieurement présenté par cet architecte, est repris le 7 mars. C'est le point de départ de nouvelles péripéties multipliées, qu'il suffit de résumer en quelques lignes, d'autant plus qu'elles aboutissent à un nouvel avortement.

Le 25 juin 1861 on soumettait, sous le sceau du secret, à l'examen de M. Benvignat, architecte à Lille, les plans de son collègue de Paris, que l'on adoptait définitivement en novembre. La dépense de ce nouveau projet devait s'élever, on l'a vu, à 278,000 francs (3).

Puis, le 18 août de l'année suivante, M. Lehmann, lequel, comme sœur Anne, s'ennuie de ne voir « rien venir, » perd patience et réclame ses honoraires, laissant à la délicate discrétion du maire le soin d'en

---

(1) 2,000 francs pour le projet classé premier, 1,000 francs pour le second.

(2) Les autres étaient MM. Descamps, architecte à Paris, Lermoyer, ingénieur des ponts et chaussées à Cambrai, et quelques conseillers municipaux.

(3) Plans et devis. — Archives communales.

fixer le chiffre (1). On lui écrit le 23 du même mois, que rien n'est abandonné et que l'on verra.... plus tard, quand on aura battu monnaie à l'aide d'un emprunt; assurance qu'on lui renouvelle les 11 mai et 23 septembre 1863. Enfin la mise à exécution de ces plans étant définitivement abandonnée, on s'acquitte envers Lhemann en lui comptant, en 1864, la somme de 2,528 fr. pour solde de tout compte (2).

Aujourd'hui, un projet.... d'amélioration — on ne peut le nommer autrement, — vient d'être mis à l'étude dans les bureaux de l'administration municipale, mais la question est si difficile à résoudre à la triple satisfaction des finances, du bon sens et de la commodité du public qu'il y a tout lieu de craindre cette fois encore, un enfouissement indéfini dans les cartons administratifs.

Faute d'argent et vu la construction défectueuse de la salle actuelle, on s'est borné jusqu'à présent et l'on continuera de se borner, sans doute, dans l'avenir, à l'aide de modestes crédits ouverts à cette fin, à longs intervalles, à un replâtrage périodique de plafonds, à un rentoilage de sièges, à quelques badigeonnages; car on ne peut nommer autrement les crudités dont on recouvre peu à peu sans goût, sans souci de la perspective non plus que de l'harmonie, les décors qui avaient été repeints en partie par Camer et Deveau en 1860 et plus récemment en 1865. Et le vieux théâtre

(1) Le conseil des bâtiments avait fixé ces honoraires à 1/20e soit, 13,810 francs en cas d'exécution.

(2) Compte administratif : Dépenses supplémentaires. — Crédits ultérieurs.

toujours aussi incommode que par le passé, restera probablement tel jusqu'à son anéantissement définitif.

Les dernières modifications ont ainsi fixé réglementairement le nombre et le prix des places (1) :

38 fauteuils d'orchestre,
80 places de loges de première galerie, } à 3 f. 00
6 places, baignoires,
30 stalles de parquet,
80 stalles de première galerie, } à 2 f. 50
24 places de loges de face de seconde galerie,
100 places secondes galeries de côté,   à 1 f. 25
100 parterres,   à 1 f. 00
100 troisième galerie et amphithéatre,   à 0 f. 60

Soit 558 places. Ce nombre est porté en chiffre rond à 600, « par compression, » en cas d'affluence.

La carte militaire se paie aux stalles de première galerie, 1 f. 50 au lieu de 2,50 ; au parterre et à la troisième galerie 0,75 centimes et 0,40 centimes au lieu de 1 f. et de 60 centimes.

Il est perçu pour droit de location 0,15 centimes en plus par personne, sauf au parterre, aux secondes et aux troisièmes galeries où les places ne sont point marquées et ne peuvent pour cette raison être données en location. — Le dernier réglement pour le théâtre porte la date du 1ᵉʳ février 1866 (2).

— Des célébrités lyriques, dramatiques et autres, ont à diverses époques « foulé — et refoulé quelques

---

(1) En 1807 le prix des places était de 2 fr. 10 c. aux premières, 1 fr. 05 c. aux secondes et 0,75 c. au parterre. (*Feuille de l'arrondissement de Cambrai.* — Samedi 8 août 1807).

(2) Voir aux pièces justificatives.

fois — les planches cambresiennes (1). » En 1817 on espère voir jouer Talma en tournée dans le Nord, mais le « restaurateur de l'archéologie dramatique » craint « d'être mouillé par la pluie » sur le théâtre (alors en planches) de la Place au Bois, et « brûle » la ville (2).

En mars 1818 apparaissent « M. et Mme Saqui, acrobates, directeurs privilégiés du théâtre du Boulevard du Temple et pensionnaires de Sa Majesté Louis XVIII roi de France et de Navarre (3). »

Pour varier, le chanteur « Laïs de l'académie royale de musique » se fait entendre trois fois dans les premiers jours de mai.

L'année suivante la salle retentit des éclats de rire que provoque le joyeux Potier. Plus tard Léontine Fay ouvrira l'année 1826, en janvier ; Georges, « la robuste » tragédienne, la fermera en décembre et nous reviendra quatorze ans plus tard, en février 1840, en compagnie d'Eugène Grailly (4).

En novembre 1831 c'est Firmin, l'élégant artiste de la Comédie Française, qui lui aussi reparaîtra sur la « scène cambresienne. »

(1) En 1812, « Mademoiselle Goutelli, cantatrice de l'Empereur, » se fait entendre dans un concert.

(2) Lettre de Henry Jolly directeur, du 2 août 1817, au maire de Cambrai.

(3) Nous reverrons l'intrépide « danseuse de corde » en 1839, directrice du *Gymnase enfantin*.

(4) Un mois après Léontine Fay, un enfant prodige, le violoniste Sigismond âgé de 14 ans, se faisait entendre au théâtre, en février 1826.

Ligier donne en 1836, six représentations et revient vingt ans plus tard, satisfaire la curiosité de ceux qui ne le connaissaient encore que de réputation.

Après la tragédie solennelle, le drame rugissant. Bocage le terrible, fait vibrer sous ses cris les échos du théâtre, une première fois en 1838, quelques jours avant Lhérie, et une seconde fois en 1841, l'année même où Prévost et Mademoiselle Chollet charment par leur double talent de chanteurs et de comédiens « les habitués du théâtre. »

En 1840, passe Jenny Vertpré. Le gros Lepeintre aîné vient nous désopiler en 1843.

1845 amène Mme Dorus-Gras, la gracieuse cantatrice. Un an après c'est *Le père Turlututu, le Gamin de Paris*, etc., incarnés dans le fin comédien qui eut nom Bouffé.

Entre temps l'on a applaudi « la petite Montaland. »

En 1848, Madame Halley rappelle Madame Dorval venue quelques années auparavant, et Madame Monténégro chante *La Norma*. Deschamps du Gymnase vient en 1849.

Puis quand, selon l'expression de Joseph Prudhomme, « les chemins de fer ont fait de la province le faubourg de Paris, » les artistes « en représentation » abondent. C'est en 1850, le joyeux Achard, la « grande Rachel, » Tisserant du Gymnase. Trois ans après c'est Brindeau, qui reviendra en 1866 ; et en 1857 les Zouaves d'Inkermann, meilleurs à la tranchée que sur les planches ; etc., etc.

Un temps d'arrêt et, en 1866, Ravel, puis Ligier que Paul Debureau a précédés d'un an.

La « jeune » Déjazet se montre avant Brasseur, en 1867, la même année que le nègre Ira Aldridge, le farouche Othello, et revient en 1868. La tribu des Samary apparaît un an plus tard, puis Febvre.

Après la guerre, en 1871 et 1872 on admire « la superbe » Agar que Paris, mettant de la politique en tout, tient alors quelque peu en suspicion. La correction classique cède la place au naturalisme, et Théresa « fait la nique » à l'auditoire, la même année.

Mademoiselle Devoyod, les Clodoches, Mademoiselle Duverger, Brasseur, Lesueur, remplissent l'année 1873.

Le pastiche de Déjazet : Scrivaneck, Madame Favart jouent à Cambrai en 1876; Dupuis « le charbonnier des charbonniers » (1877), puis son compère Baron, puis Noël Martin (1879), puis Talbot (1882), etc., etc., en attendant la venue à maturité de ceux qui ne sont encore que des espérances, et que l'organisation régulière des « tournées dites parisiennes, » ne manquera pas de nous amener à leur tour (1).

Nos directeurs non plus ne sont pas tous des premiers venus; en 1836 Constant Billon, depuis directeur du « Théâtre du Cirque Olympique » du boulevard du Temple, et dont les naïvetés plus ou moins authentiques sont devenues légendaires;

(1) On peut encore ajouter à cette rapide énumération les noms de Dupré de l'Odéon, 1837; de Saint-Denis de l'Opéra, 1849; de Joseph Kelm, 1865; d'Alida Perly (plus prosaïquement Madame Muteau) la fine diseuse de chansons, 1876 et, avant eux tous, dans un autre genre, du mime Klischnige « l'homme singe » 1832; sans oublier en 1837, Valentin, « l'engastrymithe » dit « l'homme à la poupée, » qui eut son heure de célébrité.

Halanzier (dit Dufresnoy) associé en 1837 avec sa mère, aujourd'hui président de la Société des Artistes dramatiques; en 1844 Colson, pensionnaire de la Comédie Française; en 1865 le ténor Renard, de l'Académie (alors impériale) de Musique, nous amènent successivement des troupes dramatiques ou lyriques, médiocres, il faut le reconnaître.

Il s'est peu produit à Cambrai, de tentatives de « décentralisation théâtrale. » En 1818, le 3 novembre, on joue un vaudeville inédit : *Amour et Patrie*, dont l'auteur nommé Doigt, tenait « bureau d'écriture et de rédaction, rue des Fromages 82. » En 1815 « le sieur Liénard fils » demande à faire représenter « *Le Drapeau blanc ou Louis XVIII à Cambrai.* » Le maire, M. Béthune-Houriez, un lettré, en transmettant cette demande au sous-préfet, s'érige en aristarque et apprécie d'une façon sévère « le drapeau » de son coreligionnaire politique du moment (1). « Cette pièce, « dit-il, m'a paru n'avoir de mérite que le sujet; « le commencement — l'exposition — est froid et « languissant, l'intrigue nulle et n'excite aucun « intérêt. » — Nous ignorons quel fut le résultat de cette tentative.

Récemment, quelques vaudevilles ne sortant point de l'ordinaire : *Quand on est épicier....*, *Où est ma femme?* « fleurs dramatiques » dues à un jeune homme gardant l'anonyme et qui ont vécu « l'espace.... d'un soir, » sont suivis, à deux années de distance, de l'œuvre plus sérieuse d'une plume littéraire cette fois : en 1880 un homme de lettres et de talent,

---

(1) M. Béthune-Houriez, avait pour principe politique, d'être toujours de son époque.

un poëte qui avait quelque peu vécu sur « les planches, » avant de devenir journaliste, M. Léon Marc, fait représenter à Cambrai, sous ce titre : *Renée d'Amboise*, un drame en prose bourré d'histoire locale, trop long et nullement scénique. Le public écoute cependant avec une attention polie les interminables récits, les discussions sans fin d'une conception qui, s'étant trompée dans la forme, aurait eu sans doute, sous celle du livre un succès que le théâtre lui a refusé net.

Comme artistes dramatiques ou lyriques Cambrai est plus pauvre encore ; en négligeant les quelques cambresiens qui se sont élevés dans des troupes nomades jusqu'aux « grandes utilités, » il faut remonter à l'an xi, pour rencontrer Pierre-Charles Le Roux, né en 1759, pensionnaire du Grand Opéra, alors en représentation à Marseille et fils de Paul Leroux, maître sculpteur aussi cambresien dont nous avons parlé ailleurs (1).

On le retrouve en 1797, à Mézières, où il s'est retiré, marié et vivant de la pension que l'Etat lui sert. Il est alors professeur de musique et de chant (2).

Longtemps le théâtre à Cambrai fut peu suivi. Le 3 janvier 1807, le maire écrit au sous-préfet que

---

(1) *Les Artistes Cambresiens IXe-XIXe siècle, et l'Ecole de Dessin de Cambrai*, par A. D.

Leroux n'était pas cependant le seul virtuose que la ville eût produit : En 1783, un premier concert et en 1788, un second, étaient donnés à Cambrai, sa ville natale, par « l'un des violons « de l'orchestre de l'Opéra et musicien de l'académie royalle de « musique, » Bertin, qui avait alors une réputation comme instrumentiste. (Archives, avant 1789).

(2) Théâtre. — Correspondance.

« la ville, sans garnison, ne peut fournir à l'entretien
« d'une troupe de comédiens. Des troupes ambulantes
« — dit-il — y paraissent ordinairement dans le
« temps de la ducasse, mais pour quinze jours, un
« mois au plus. Il en est venu momentanément à
« d'autres époques, mais toujours sans pouvoir s'y
« maintenir. Le défaut de commerce, le peu de
« fortune qu'on y rencontre, tout contribue à rendre
« le spectacle désert. »

Cette situation reste la même jusqu'en 1816. Alors, à l'époque de la fête communale (août), le maire, se faisant l'interprète du désir des habitants, se plaint au préfet du petit nombre des représentations données par la troupe privilégiée d'arrondissement et par les troupes ambulantes ; il réclame contre un état de choses qui ne tarde pas à s'améliorer (1).

Bientôt les compagnies séjournent à deux reprises différentes chaque année, jusqu'à la proclamation de la liberté théâtrale en 1864.

Les troupes ne pouvaient que difficilement balancer leurs dépenses et leurs recettes pendant ce double séjour. Elles avaient déjà pris peu à peu l'habitude de ne plus desservir le théâtre qu'en excursion hebdomadaire, venant le lundi de chaque semaine, d'Arras, de Valenciennes, de Douai, de Saint-Quentin, suivant la ville où elles sont domiciliées pendant la saison ; une seule localité ne pouvant leur assurer les

(1) En juillet 1818, le maire adressait à l'autorité supérieure, par la voie hiérarchique, une nouvelle demande du même genre afin d'obtenir une troupe permanente pendant toute la durée de l'occupation de l'armée anglaise.

(Lettre du 31 juillet. — Police du théâtre).

ressources nécessaires à l'équilibre de leur budget. C'est pour Cambrai, le mode d'exploitation encore en usage.

Aujourd'hui le directeur agréé par l'administration municipale ouvre sa série de représentations dans la première quinzaine d'octobre et la termine pour la semaine sainte de l'année suivante. Il reçoit la salle gratuitement et comme subvention en nature, la ville lui fournit l'éclairage et l'orchestre, à charge par le titulaire de jouer l'opéra comique au moins (1). On ne permet à aucune autre troupe de donner des représentations sans l'assentiment du directeur privilégié, à qui elle doit un dédommagement pécuniaire.

Aux sociétés d'artistes plus ou moins dignes de ce nom qui viennent quelquefois au cours de l'été jouer les pièces en vogue, il n'est accordé gratuitement que la salle, le reste est entièrement à leur charge.

La moyenne des représentations des dernières années, depuis l'application des droits proportionnels d'auteurs, (du 1er octobre 1874 au 31 septembre 1882), a été de 33, et celle des recettes pendant le même temps, de 12,929 fr. 90 c. La Société des auteurs et compositeurs dramatiques seule, a reçu en moyenne également 969 fr. 90 c. aussi par an (2).

(1) Les autres frais lui incombant en dehors des émoluments qu'il compte à ses pensionnaires, se composent de la rétribution allouée aux gens de service, des droits d'auteur, du droit des pauvres.

(2) Le droit qui est, d'après le tarif basé sur la population, de six pour cent sur la recette brute, est souvent augmenté par le fait des auteurs en vogue, pour leur pièce nouvelle.

La ville paie annuellement au concierge du théâtre 250 francs de gages ; au machiniste 350 francs et au directeur de l'orchestre — un des professeurs de l'école communale de musique — chargé d'organiser les répétitions et de suppléer le chef d'orchestre de la troupe au besoin, 400 francs d'appointements ; ce qui avec les modiques sommes affectées usuellement à divers travaux : réparation du mobilier, des décors et autres, et les 5,000 francs de subvention représentés en nature comme il a été dit ci-dessus, donne par an un crédit de 7,000 francs.

Quelle est aujourd'hui la situation faite aux entrepreneurs de spectacles ? Bien que cette question soit un peu en dehors du sujet que nous avons essayé d'esquisser, on nous permettra, en vue de le compléter autant qu'il est en nous, d'en dire un mot en terminant. C'est d'ailleurs une question sociale jusqu'à certain point, puisque de son heureuse solution dépend l'existence d'un grand nombre de travailleurs intelligents pour la plupart, dont beaucoup ne manquent certes pas de talent.

Nous emprunterons à cet effet nos observations à un rapport dont la rédaction nous avait été confiée, il y a trois ans, par l'administration municipale, en réponse à une demande du préfet, sur l'état actuel du théâtre en province, par l'effet de la liberté théâtrale.

« La situation du théâtre dans les petites villes de vingt à trente mille âmes (1) où la modestie des

---

(1) Le chiffre officiel du dernier recensement en 1882, est de 23,448 habitants.

finances municipales ne permet point de subventionner largement une troupe sédentaire, devient de plus en plus critique.

« Tandis que dans les grandes cités, où cette subvention fait rarement défaut, la population flottante par son renouvellement presque quotidien, et le chiffre élevé des habitants fournissent un public nombreux qui change en partie chaque soir, dans les autres villes, au contraire, les spectateurs restent presque toujours les mêmes. On peut dire que sur vingt mille têtes, mille à quinze cents à peine fréquentent le théâtre. De là nécessité pour un directeur de varier son spectacle presque chaque jour. La même cause lui interdit de multiplier ses représentations ; une seule par semaine suffit souvent et ne peut être doublée, souvent aussi, sans perte pour l'entrepreneur, sauf de rares exceptions.

« Il y a bien les pièces dites à spectacle qui forcent momentanément la curiosité de la masse indifférente, mais à part qu'elles coûtent trop cher à monter elles ne peuvent fournir une carrière assez longue pour compenser les frais de leur mise à la scène.

« On peut encore expliquer la rareté du public au théâtre des petites villes par cette raison que, comparativement à la faiblesse numérique de leur population elles ont des moyens de distraction aussi nombreux que les grands centres : cercles, cafés, sociétés musicales et autres, attirant une forte partie des habitants qui sans ces attractions prendraient — peut-être — le chemin du spectacle s'il était le seul délassement qui leur fût offert.

« Les théâtres de province ont de même à lutter

contre la double et redoutable concurrence que leur font les théâtres de Paris. Les chemins de fer en rendant les communications plus faciles et plus promptes, en donnant au commerce plus d'extension, font affluer journellement dans la grande ville quantité de voyageurs qui, leurs affaires faites, prennent leur part des plaisirs, dramatiques et lyriques, mis à leur disposition d'une manière plus complète et dès lors plus attrayante que ceux qu'ils trouvent chez eux. De là des comparaisons instinctives, lesquelles aussi indulgentes et bienveillantes qu'on les suppose — et c'est rarement le cas. — ne peuvent, dans l'ensemble du moins, être à l'avantage des artistes de second ordre qu'on rencontre dans la petite localité où, faute de ressources, ils ne peuvent s'entourer de tout le prestige de la mise en scène que comportent les œuvres qu'ils représentent.

« Est-il question d'opéra, l'orchestre composé, en général, de musiciens habiles cependant, se voit fréquemment obligé de suppléer par « de la bonne volonté, » à des répétitions que le manque d'argent et de temps n'a pas permis de multiplier autant qu'il convenait.

« Sous le règne du privilège le directeur était certain de retrouver toujours un public, pourvu que sa troupe fût passable, en ouvrant un abonnement qui lui assurait un minimum de recette ; depuis qu'il lui est permis d'aller où bon lui semble et de jouer ce qui lui plaît, le régime étant le même pour tous, il a à combattre l'influence des collègues rivaux et des troupes nomades dites « troupes parisiennes. » Celles-ci, grâce toujours aux voies rapides, arrivent « avec armes et bagages, » c'est-à-dire un matériel complet, et jouent la pièce en vogue ou « à spectacle, » avec un ensemble d'autant plus irréprochable qu'elles donnent partout la même œuvre au cours de leur tournée. Ces représentations semblent d'autant meilleures, sont d'autant plus goûtées qu'elles sont uniques ; que l'on n'a point le temps de découvrir les défauts de leurs interprètes que leur titre « d'artistes de Paris, » met, quand même, en faveur auprès du bon public toujours un peu « mouton de Panurge. »

« Ou bien encore, « l'artiste célèbre » que l'on a vu à Paris on veut le revoir « chez soi, » dans le même rôle, sans prendre garde, en le trouvant supérieur — ce qui est quelquefois vrai — dans un personnage qu'il a joué cent fois de suite, que le pauvre comédien, que le malheureux chanteur avec lequel on le met arbitrairement en parallèle, apprend un rôle par soirée. On oublie que l'on compte à celui-là pour quelques heures de travail, ce que celui-ci reçoit à peu près pour un mois d'un labeur autrement pénible, quand son impressario ne fait pas faillite — ce qui se voit.... quelquefois. Enfin l'on ne se souvient pas davantage que la place au spectacle en province, coûte trois ou quatre fois moins cher qu'à Paris.

« Cette différence comparative dans le chiffre des appointements va sans cesse décroissant, au grand préjudice aussi des directeurs ; tel ténor léger et telle chanteuse légère qui s'estimaient heureux, il y a vingt ans, avec 400 francs par mois, aujourd'hui que le public se montre plus difficile, exigent pour la même somme de talent, des appointements trois fois plus considérables, invoquant l'obligation d'une garderobe plus complète et plus riche que par le passé et la vie de plus en plus cher dans nos petites villes surtout.

« Si maintenant l'on ajoute les exigences sans cesse croissantes des auteurs, et que le public ne soupçonne pas toujours, on aura un aperçu peu rassurant mais nullement exagéré de la situation actuelle du théâtre en province (1). »

Faire plus et mieux avec moins de ressources est une des lois du progrès, et l'affranchissement de l'exploitation théâtrale a suscité en ce sens des concurrences aussi ardentes que redoutables. C'est un fait désormais acquis au nom de ce principe commercial sur lequel il serait difficile maintenant de revenir par restriction : l'échange librement débattu et consenti ; mais il ne faudrait pas cependant que cette liberté allât jusqu'à l'abus.

---

(1) Pour compléter le tableau de ces difficultés il faudrait aussi énumérer les exigences de certaines administrations municipales à l'égard des us et coutumes du théâtre et jusqu'à leurs scrupules touchant le répertoire. C'est ainsi qu'à Cambrai, par exemple, en 1852, un fonctionnaire qui n'allait jamais au théâtre et que ne satisfaisaient point les rigueurs de la censure, se montrant « plus royaliste que le roi, » signalait au préfet ce qu'il nommait l'immoralité de certaines pièces partout représentées sans observation.

Il est vrai qu'il faisait endosser son opinion par son... supérieur, devenu ainsi « éditeur responsable, » bien que celui-ci ne fréquentât pas plus le spectacle que son secrétaire.

ERRATUM.

Page 132, ligne 20 : en 1797, *lisez* 1814.

APPENDICE

EXTRAITS DES COMPTES DE LA VILLE

1365-1366 — (du 7 mars au 7 mars.) « Payé le xiiij^e jour de juing (1365) à Pierot le cauchieur (1), pour ouvrer à refaire les fosses au marquiet qui furent faictes pour le camp, par xiij jours à iiij s. par le jour val. lij s. (fol. 29).

1388-1389 (du 6 février au 6 février.) « Donné à 1 hérault qui vint signifier le feste de le Roynne et les joustes du chevalier au Roy du soleil couroné d'or, le xvij^e jour de juillé (1388), par l'ordonnance de Le Cambre, lxxij s. (fol. 30 verso).

1390-1391. — « Ce jour (avant le 4 février) donné as trompeurs et menestrels dud. mons^r de Saint-Pol etc., iiij lt. vj d. (fol. 26).

« Donné as carpentiers qui firet les liches pour les joustes par l'ordonnance de le Cambre, pour ce qu'il ouvret de nuit et de jour pour cause de brieftet, xij s. (id.).

« Au dessusdit maistre Jehan du Gard, le iij^e jour de février (1391), pour ouvrer et faire les bailles (2) sur le marcquiet, etc. (fol. 90).

(1) Le paveur (Cauchie, chaussée).
(2) Barrières.

« A Mahieut le Pletier pour suir (suivre) les dis carpentiers et forer traux es estaques (1) et porter vilandes etc., pour roller les dies estaques etc. (fol. 90).

« A Mahiu Dennel, Jacqmard de Penin et Adam Davesnes pour faire fosses et descauchier le marquet pour forer lesdies estacques et retampir (2) autour chascun, etc. id.

1397-1398. — « Refaite les cauchies que on avait desfaites pour le feste, etc. (fol. 97).

1400-1401. — « Présenté le ij^e jour dudit mois, (mai 1400) au commandement de Messrs, à plusieurs compaignons juans as escus, c'est assavoir d'Amiens, de Saint-Quentin, d'Arras et de cité xvj pos de vin de xxxij los, le moitié de vin vermel a ij sous le lot, l'autre de vin franchois à xx d. le lot, avec le portage, lxij s. viij d.

« Présenté le iij jour du dit mois, as compaignons de Cambray juans asdis escus et autres plusieurs estans en leur compaignie, liquel souppèrent avec eux, xij pots de xxiiij los moitié en vin vermeil à ij s. l'autre en vin franchois à xx d., etc. (fol. 38).

« Ce jour (9 janvier (1401) présenté au Prince des folz du Palais, au soupper sur le marquiet où il souppait desoubs une tente, viij pos de vin de xvj los pris à Robert le Fuselier et aud. pris, valet parmi le port dud. vin et d'un flambel xxxiiij s. vj d. (fol. 50).

1411-1412. — « Donné à Hermant et ses compai-

---

(1) Poteaux.

(2) Rétempir est encore en usage dans nos villages dans le sens de mettre debout.

gnons menestrels Monsr de Saint-Pol, lesquels aloient as escolle come ils disoient, une couronne d'or qui vault parmy lacat dicelle xxvij s. iv dt.

« Donné come dessus le xij^e jour dudit mois (mars 1411) aux menestrels Monsr de Hamède et de mons^r de Wauvrins lesquelz aloient aux escoles come ils disoient, xlviij s. (fol. 37).

« Donné pour Dieu en aumosne par l'ordonnance et comandement de le cambre, le xxvij^e jour dud. mois d'avril, au dessus nomé maistre Jehan Ladorée liquel aloit aux escolles come il disoit viij couronnes du Roy, qui valet à Tournai parmy l'acat dicelles au pris de vj d. le pièce xj lt. (fol. 41 v.)

1416-1417. — Présenté ce dit jour (13 janvier 1417) au souper en le maison Jehan Du Cavech, le jone, (jeune) à plusieurs bourgeois de ceste cité lesquelz sestoient assemblez pour faire esbatement, iiij pos de vin de vj los, le moitiet de vin vermeil prins à Jehan Wille au pris de iij s. le lot et l'autre moitié de vin blanc prins à Jacquet Leleu a ij s. vj d. le lot, valent parmy le portaige dud. vin et le portaige d'un flambel, xviij s. (fol. 54 v.)

1418-1419. (26 mars 1418). — « Aux ménestrels de mons^r de Luxembourg.... par courtoisie et comenchement daler aux escoles xxx st. (fol. 26).

« Présenté le jour du xxe en le maison Jehan de Saint-Quentin, à le compaignie de bourgeois de ceste cité, cedit jour assemblez pour faire esbatement etc., » six pots de vin et un flambel » (fol. 34).

« Item présenté ce jour au souper à une compaignie

d'autres bourgeois assemblez come dessus en le maison Pierre Le Leu, etc. » deux pots de vin, 13 s.

« Item présenté ce jour en le maison le Bailly de Cambresis aux Compaignons de le Licorne » quatre pots de vin et le « flambel » 25 s. 6 d.

Le 2e jour de juillet (1418) pour « courtoisie » « aux menestriez Monsr de Breubant, » 36 s. (fol. 29 v.)

1425-1426. — « Donné par l'ordonnance et comendement de Messrs de le Cambre à labbé et as compaignons de Lescache pourfit, en avancement de leur feste et esbatement au jour du xxe, lx s. (fol. 62).

1427-1428. — Présenté le xxje jour de march (1427) à lostel au Lyon, au Roy des menestreulx et à tous les compaignons avec ly estans, en tenant leur escolle, viij pos de vin de xvj los moitiet blanc et laut vermeil, tout prins a Jaquement Longhet au prins de xliiij d. le lot, valent parmy le portaige lx s. viij d.

« Donné au comandement de plaine Cambre, au Roy des menestreulx et à toute se compaigniez, lesquelz estoient venus en ceste cité tenir leur escolle de leur esbatement, pour cette année xij lt. (fol. 47).

« Donné à l'abbé et couvent des ecache pourfit en aide de leur esbatement et dépense fait aud. jour du xxe, lx s. (fol. 47 v.).

1428-29. — « Le 12 mars (1428) au roi des menestreulx, » vin 58 s.

« Au roi des menestreulx et à sa compagnie, lesquels étoient venus en cette cité tenir leur escole et leur esbatement, vj lt. (fol. 41).

« A labbé de Lescache proffit, en avancement de lesbatement fait par lui e ses compaignons au jour du xxe, tant pour l'année précédente comme pour ceste année vj lt. (fol. 45 v.)

1432-1433. — « A labbé de Lescache pourfit, en avancement de leur esbatement le jour du xxe, x lt. fors, qui valent a le dessusd. monoie xij l. xvij s. iiij d. (fol. 57 v.)

1434-1435. — « Donné par courtoisie et au qmand (commandement) que dessus le xxixe jour de march (1434) aux menestreux de Monsr le comte de Liney (1), pour aler as escoles de leur esbatement, ij demi denyers en or qui valez xlvij s. et pour autres demi-deniers donnés à eulx a loccasion dessusd. en lannée pardevant, qui oubliez furent à passer, xlvij s. montent a iiij lt. xiiii s. (fol. 46).

« Donné pour courtoisie a labbé de lescache pourfit en lavancement de leurs esbatements le jour du xxe, vj lt.

« Présenté led. jour, au souper en le maison Pierre de Bulcourt, auquel lieu est assemblez plusieurs bourgeois de ceste cité avec cheulx qui ce dit jour avoiet joué, xviij s. viij d. (fol. 56).

« A Jean Le Wery cauchieur, pour avoir ouvré à recauchier plusieurs trau (trous) estans sur le marquiet, quon avoit fais à mettre les lices là ou on jousta. (fol. 106).

« Despendu (dépensé) par Messrs pruost, eschevins, collecteurs iiij hommes et leur gens en le maison de le ville, avec eulx autres notables bourgeois de ceste cité le jour du vingtiesme, affin destre ensemble

---

(1) Le connétable de Saint-Pol.

pour veir et oïr les jus et esbatemens qui se firent aud. jour lxxvj s. (fol. 123).

1435-1436. — « Aux ménestriers du comte de Liney pour e en avanchement daler as escolles de leur esbatement, ij dourdres (sic) en or de xlvij s. (fol. 47).

« Présenté le iiij^e jour de juing qui fut le jour de la procession (du *sacre* ou de la Fête-Dieu) de ceste cité, aux compaignons qui ced. jour avaient fais les signes et remembranche de la passion Nre Seigneur devant le maison Pierre de Bullecourt, viij pos de vin de xij los prins à le ville, à iiij d. le lot, valez parmy le port, lviij s. (fol. 50 v.)

« A labbé Descache profit pour le jour du xxe, vj lt. (fol. 55 v.)

« ... Et aussy avoir refait (le charpentier) avec ses ij varlés par ij fois le jour du xxe, le car des jueurs de le ville d'Arras, etc. (fol. 95).

1436-1437. — Présenté ce jour (13 août 1436) as compaignons de ceste cité qui furent juer jeux de personnages en le ville de Valenchiennes, ij pos de vin, etc. (fol. 53).

« Présenté ce jour (le xxe) à l'abbé de Joyeuse folie, chantre de Monsr le Duc (1) et à toute sa compaignie lesquels comme dessus vinrent juer aud. jour, vj pots de vin et ij flambeaux, 1 s. vj d. (fol. 56).

« Présenté le xviij jour ensieuvant aux abbez de Joyeuse folie et de Lescache pourfit et à toute leur compaignie a leur revenue d'Arras viij pos de vin et ij flambeaux, etc. lix s. (fol. 56 v.)

(1) De Bourgogne.

1437-1438. — « ... Au prince de la Licorne (le xxᵉ) vj pos de vin et ij flambeaux, lxv s. vj d.

« ... A labé de Lescache profit pour et en l'avanchement de leur esbatement du jour du xxᵉ et aultrement, viij lt. (fol. 51).

1439-1440. — « Présenté le xxiiij jour de juillet (1439) aux compaignons jueurs de personnaiges et aux arbalestriers de ceste cité à leur retour de le ville de Gand, lesquels jueurs de personnaiges raportèrent le pris dud. lieu, xviij pots de vin, etc... vj l. vj s. (fol. 45).

« Le dernier jour de septembre (1439), as connestables et quompaignons du serment de larbalestre leiquels menèrent avec eulx jueurs de personnaiges à le trairie (au tir) et esbatemens de faîtrie en le ville de Gand, en lavanchement de leurs despens fais aud. lieu en oultre a eux pasé dud. avanche et lesquels raportèrent pour mieulx avoir joué aud. esbatemens de faîtrie, le maistre prix de deux pos d'argent, pour lesquels failli prendre et soustenir plusieurs grans e sumptueux despens, le somme de l lt. (fol. 46).

« ..... Courtoisie à labé des cachepourfit et ses compagnons, pour la fête du xxᵉ, vj lt. (fol. 48).

1440-1441. — « Aux ménestreurs de M. de Saint-Pol, par courtoisie pour aller aux escolles de leur esbatemens, c s. (fol. 45).

« Le lendemain du xxᵉ, a labbé des cache pourfit, lequel donna à disner aux dessusd. abbé (de Lyesse, d'Arras) et capitaine (de Pignon de Douai) à leur partement (départ) de ceste cité, vj pots de vin, etc., xli s. iij d. et pour le portage xviij d. (fol. 54).

1442-1443. — « Aux ménestriers de M. le compte de Sainct-Pol alant aux escolles de leur esbatement à Bruselles, xxx s. (fol. 29 v.)

« Présenté le ix juillet (1442)... a madame la mareschale laquelle estoit venue en ceste cité veoir le jeu de barres qui se faisoit en icelle, iij pots de vin... xx s. (fol. 33).

« Donné par l'ordonnance et commandement de Messrs de le Cambre de le paix, à Colart de Bourlon esleu prince du Palais, pour et en lavanchement daucuns pris et joyaulx par lui donnés à un esbatement et jeu de barres et de personnages par lui fais en ceste cité, en ce présent an, avec daucuns frais et despens fais et soubstenus pour lui et à le cause desd. esbatements, x lt. (Cet article est daté du 13 octobre 1442. — fol. 35).

« A Labbé des cache pofit... x lt. » pour la fête faite le xxe (fol. 35 v.)

1443-1444. — « A labbé des cache pourfit et à ses moines en lavanchement de leur feste du jour du xxe, x lt. (fol. 34).

1444-1445. — « A labbé et aux moines de lescache pourfit en lavanchement de ung voyage par eulx fait en le ville d'Arras au jour du cras dimenche darainement passé pour courtoisie à eux faite, iv lt. » (article du 13 septembre 1444).

« A labbé et confrères de lescache pourfit pour ayde de leurs despens fais à leur feste du jour dudit xxe de ce présent an en le manière accoustumée xij lt. (fol. 32 v.)

1447-1448. — « Audit Jehan le Wery cauchieur, pour en le xxvj° quinsaine avoir remply, recauchiet et reffait les traux du marquiet qui avoient esté fais le jour du xx°, pour faire le palais de lescache pourfit où il fu par un jour iv s. (fol. 87).

« A Les cache profit et ses moines pour le voyage d'Arras » au dimanche gras vj lt. (fol 94).

1448-1449. — « Présenté le xxv° jour de février (1448) à labbé descache pourfit et au vighier de Carpentras et leurs gens, iiij pos de vj los de vin au pris de ij s. vj d. le los, avec le portage xvj s. »

Don a l'abbé et à ses gens à leur retour d'Arras, 8 lt. (fol. 53).

« Donné par lordonnance et commandement de Messeigneurs les eschevins de le cambre de le paix de le die cité, à labbé et aux moines des cache pourfit, à leur retour de le ville de Valenchiennes, où ils avoient esté jouer et ébastre à le feste du Prinche de Plaisance dicelle ville, pour aydier à supporter les despens que ils avoient fais aud. lieu, c s. (fol. 54).

« Présenté le xix° jour du mois d'aoust à Jehan de Condet, dit petit Jan, et ses compaignons, lesquels avoient esté en le ville de Valenchiennes et avoient gaigné ung tres bel pris d'argent au puy Nre Dame de le cauchie et le presenta le dit petit Jan, à mesd. seigneurs de le loy et qui lui fu rendu, pour ce deux pos de trois los de vin prins à Pierre Le Maistre au pris de iij s. le lot vallent parmi le portage dud. vin x s. » (fol. 57).

Pour les frais du xx° à l'abbé Descache, 12 l.

En outre aux mêmes, avec ce qui précède et pour la même cause, 6 l. (fol. 60)

« A Jehan le Wery pour en le xxvj⁰ et darraine quinsaine, avoir restoupé (1) les traux et remis à point le cauchie du marquiet qui par les hours et habillements de l'abbaye descache pourfit avoient esté fais à le feste du xx⁰, etc., » (fol. 140).

1449-1450. — A l'abbé retour d'Arras. 8 lt. (fol. 46).

« Présenté ledit jour du xx⁰ au maire de Crolecul et à ses compaignons, iv pots de vin, etc. »

Don à l'abbé des cache profit pour le xx⁰ (fol. 50).

« ... Pour avoir aussi restoupé et remis à point le cauchie du marquiet emprez é environ le cappelette, qui, par les hourdz et habillemens de labbaye de lescache pourfit avoient esté fais à le feste du xx⁰, où il fu en ce faisant par viij jour aud. pris de iiij s. etc. » (fol. 122).

1451-1452. — A l'abbé retour d'Arras où il est allé avec sa compagnie le dimanche gras, 8 l.

Aux mêmes pour « despens de certaines joustes et esbatements que faire ilz avoyent au retour du dit voyage d'Arras, iv lt. (fol. 54).

« Au maire de Crolecul de Cambrai » vin et flambeau.

Le 17 février 1451, à l'abbé et ses compagnons pour les frais du xx⁰ « et aussy d'avoir regeité et neitié les canetins (?) ou se fait le vivier que on dist de labeye. » 17 lt. (fol. 65).

(1) Rempli, rebouché les trous.

« Refait les traus qu'on avoit fait aud. marquiet pour faire le palais de l'abbé, etc. » (fol. 131).

1454-1455. — Don au maire de Crollecul et le lendemain du xxᵉ à l'abbé.

« Aux mêmes abbé, moines et compagnons de lescache pour les aider à supporter les frais et dépens qu'ils ont et soutiennent advant et durant leurs esbatements du xxᵉ, » 18 lt. (fol. 25).

« Donné pareillement et en pareil avanchement aud. abbé et compaignons led. jour du xxᵉ pour faire leur feu sur le marchié une carée de laigne (1) de xxiij faisseaux à xj d. le faissel sont xxj s. 4 d.

« Présenté le xiij jour d'octobre aux compaignons de Cantimpré lesquels avoient fait présent de certain pris, par eulx gaigniez à Douay, ij pots de vin, etc., » x s. vj d. (fol. 24 v.)

1456-1457. — Pour éviter des redites trop fréquentes nous cesserons de mentionner les libéralités faites périodiquement à l'abbaye des cache profit au xxᵉ ou au retour d'Arras après le dimanche gras, sauf le cas où ces mentions signaleraient un détail nouveau ou particulier. —

« A l'abbé et ses moines à leur retour de Tournai, 100 s. » — Mention du maire de Craulecul le lendemain du xxᵉ (fol. 10 et 52 v.)

1457-1458. — « Présenté le lendemain du xxᵉ à labbé de les cache pourfit qui ce jour donna à disner aux abbés et princes du dehors (le prince de lyesse, le prinche du Glay, les confrères de Saint-Jacques, le

---

(1) Bois de chauffage.

prinche d'amour, le prinche de la teste, tous d'Arras; les jueurs de Valenchiennes et le prince de bon espoir du Castel (Câteau), vj pos de ix los de vin à iiij s. le los, avec le portaige xxxvij s. vj d. » (fol. 48).

1458-1459. — A l'abbé et ses compagnons à leur « retour de Valenciennes où ils avoient esté a le feste qui se fait chacun an aud. lieu le dimenche après le Quasimodo, » iiij lt. (fol. 48).

A l'abbé et à l'abbaye « en considération de ce que l'abbé de lyesse d'Arras et toute se compaignie demoura en ceste cité le lendemain du xxe, tou ce jour, lequel, lesd. Lescache festièrent honorablement au disner et au souper, x lt., » (fol. 58, v.).

1459-1460. — « A l'abbé de Lescache et ses moines a leur retour de Valenciennes, » puis du Câteau-Cambresis, 4 l. chaque voyage, (fol. 90).

A l'abbé et à ses moines, don à leur « retour du Quesnoy. » (fol. 97).

« Despendu par mess^{rs} prévot, eschevins, iiij hommes, recepveur é leurs gens durant le feste du xxe, qu'ils se mirent ensamble en le maison de le ville tant pour veir les jus. é esbatemens, comme pour le seureté é garde de le ville, oultre audeseure de ij pattars que chacun deulx paya en le manière accoustumée et comme par le xxvij briefvet appert, xxx s. iv d., » (fol. 157. — Cette mention se reproduit tous les ans. —

1460-1461. — A l'abbé de lescache à son retour « du Castel en Cambresis, » iv lt. — Après le 8 mai, (fol. 43).

« Donné (le 20 mai) aux compaignons qui en grant

nombre juèrent le vie de Marie Magdelaine, par les festes de le Penthecouste en ayde et subvention des grans frais et despens qu'il porte à cette cause, xij lt. (fol. 43 v.)

« Ausd. abbé et moisnes de les cache pour considération des compaignies d'Arras, Valenchiennes et plusieurs aultre lieux qui a ladie feste du xxe vinrent en plus grant nombre et arroye que onques n'avoyent fait, à laquelle occasion convint lesd. de les cache, tenir plus grand et sumptueux estat, a esté donné par lordonnance et comandement que dessus aultres, xviij lt. » (fol. 54 v.) — « L'abbé de liesse, le prince de bon voloir, le prince d'amour, » et leurs compagnies, « les testus et les peletiers » tous d'Arras ; « le prince de plaisance, le prince de jeunesse » et leurs bandes, de Valenciennes ; « les jueurs de Marly, les jueurs du Castel en Cambresis, les jueurs d'Inchy, les jueurs de Walincourt et les jueurs d'Oisy, » assistaient ensemble à la fête.

1461-1462. — « Donné encore par l'ordonnance que dessus aud. abbé de lescache pour considération de plusieurs grants despens qu'il soustint aud. xxe et les viij jours paravant sen estat plus grant et plus révérend que aultrefois, xiiij lt. (fol. 48 v.)

« Despendu sur le cambre des iiij hommes le mardi jour des quaresmeaux en festiant madame Dinchi qui là estoit venue voir juer les jeux que ceulx de ceste ville avoyent jué a Arras, en pain, vin é prunes, xviij s. viij d., (fol. 92).

1463-1464. — « Presenté le xxvj daoust à Mahieu du Castel abbé de lescache et aultres ses compaignons venans de Mons où ils avoient esté détenus prisonniers come manans de Cambray par grant espace, vj pos de ix los de vin à ij s. vj d. et xviij pour portaige, xxiiij s. » (fol. 54). — On trouve dans le même compte quelques détails sur cette captivité (dont nous avons donné le résumé), mais trop longs pour être reproduits, aux folios 59, 61, 62, 65, 128, 129, 134, etc., etc.

A l'abbé et à ses compagnons à leur « revenue de Douai, » 4 lt.

« Aux mêmes en considération de leurs dépenses pour l'honneur de le cité, xxxvj lt., (fol. 55).

1464-1465. — « Donné par lordonnance et commandement de Messrs de le cambre aux compaignons de lescache de ceste cité pour avoir esté à Arras faire leur esbatement en la manière accoustumée, x lt. Et pour l'occupation de maistre Ernould Droghet abbé pour ceste année de qui le femme estoit nouuellement trespassée, pourquoy ne pot aler aud. lieu d'Arras et en son lieu convint commettre ung aultre pour ce faire qui aultrement ne le volt emprendre que par lui donner x lt. sont xx lt. » (fol. 40).

Don en argent à l'abbaye à son retour de Valenciennes, le 22 mai 1464 (fol. 43).

Don de même nature à la même compagnie revenant de Douai, le 10 décembre même année (fol. 47 v.)

1465-1466. — Mentions ordinaires concernant les voyages de Lescache profit, à Arras et à Valenciennes, (fol. 45).

1466 à 1475, mêmes articles que ci-dessus.

1475-1476. — A labbé et aux moines de l'escache à leur « retour de Péronne où ils avoient été faire leurs esbatements en grande et honorable compaignie, » x lt.

Aux mêmes « Oultre et avec les x l. anchienement ordonnées pour le voyage d'Arras ci-dessus, esté paiés en récompense des grands frais mises et dépens qu'ils ont soustenus pour furnir et accomplir le requeste de Monsr de Clary, le jour du cras dimenche en leditte ville de Péronne, aultre x lt., (fol. 44).

« Aux compagnons de saint Jacques de ceste cité, pour eux supporter dans les frais soubstenus à Arras le jour du cras dimence, auquel lieu ilz firent les excuses par ordonnance de loy, de l'abbé de Lescache pourffit, etc., » (fol. 46).

A l'abbé et ses compagnons « pour considération de plusieurs despens qui soustint aud. xxe et les vint jours paravent pour révérence que aultfois n'avoit esté. (fol. 54 v.).

1480-1481. — « Présenté ledit jour (17 août 1480), à plusieurs compaignons retorisiens de ceste cité, à leur revenue de Douay où ils avoient gaigné ctains pris dargent à le N. Dame my août, ij pots de vin, xvj s. viij d. » (fol. 27).

1481-1482. — Le lendemain du xxe à lescache profit « lor Monsr le préuost et deux de Messrs de le loy furent priez, » 8 pots de vin, (fol. 27).

1488-1489. — Vin présenté le 3 janvier 1489, « au prince du crût de Cambresis » à son retour de Douai, (fol. 38).

« Présenté le xiiij jour de janvier, le lendemain du xxe, à labbé des cache proffit, au disner où furent

Monsr le préuost et deux eschevins, vj pots de vin, etc., » (fol. 39).

« Aux trompettes de guerre d'Arras, venues avec labbé de Liesse au jour du xxe, etc., » (fol. 39 v.)

1489-1490. — A l'abbaye « le lendemain du xxe au disner où étoient le préuost et les deux semainiers. » (fol. 22).

A la même « pour le supporter des frais » du dimanche gras à Arras, « de Quasimodo » à Valenciennes et du jour de l'an à Douai, (fol. 22 v.)

« Au prince des confrères de St-Jacques, » à leur retour d'Arras le 15 février 1490, 2 pots de vin, (fol. 38).

1490-1491. — « A Jehan Comare abbé de lescache profit pour ses frais du xxe, iv^xx lt. » (fol. 41).

1491-1492. — Mentions ordinaires.

1493-1494. — « A Pol du Mont, abbé de lescache, » pour le voyage d'Arras, etc., etc., et de Valenciennes à la fête de Plaisance, 16 lt. (fol. 66 v.)

« A quatre joueurs de flûtes, harpes et sayettes de Saint-Quentin, qui au disner de Messrs préuost et eschevins jouèrent (le jour du xxe) pour eux récréer ensamble, » xvj s. viij d. (fol. 68 v.)

« A Paul du Mont, abbé des cache proffit et ses moisnes pour à l'ordonnance de mess^rs avoir esté le jour de l'an en le ville de Douay, à le feste du capitaine de pygnon et pour tousiours entretenir amystié aux villes voisines, » vj lt. (fol. 69 v.)

1494-1495. — « Le iij mars, à labbé des cache pourfit à son retour d'Arras pour cause des réthorichiens de ceste cité estans en sa compaignie et lesquels avoient gaigné aud. lieu d'Arras certain pris dargent ass^r (assur) est le maistre pris xxv s. x d. »

A Lescache retour de la fête de Lille, le 12 août, 18 s. (fol. 31).

Au même, pour les dépenses de la « feste du Roy de sots de Lisle, » vj lt. (fol. 32).

« A deux coupples de tambourins et ghisterneurs, lesquels le jour du xxe juèrent au disner de le table de mess^rs préuost et eschevins, donné deux testes de Milan, etc., » xxx s. iv d. (fol. 34).

Les « cauchieurs » rebouchent les trous faits pour « le palais de labbé, » (fol. 54).

1495-1496. — A Jehan Le Chief, lequel a esté comme abbé Descache proffit (par intérim, voir ci-dessous) en la ville de Douay à le feste des Asnes, etc., » pour les frais, etc., vj lt., (fol. 19).

« A Jehan Rasse abbé des cache, etc., » pour la fête du xxe, iv^xx lt., (fol. 20).

« Le jour du xxe au prévost et à aulcuns de la loy de Valenciennes, etc., ij pots de vin, » etc.

« A aulcuns de la loy d'Arras, escuïers, seig^rs d'Artois, recepveur, conseillers, » vj pots de vin, etc., (fol. 23).

« A Jehan Claix dit le Liégeois, pour avoir à lordonnance de messieurs de plaine Cambre é pour entretenir et continuer les anchiennes amitiez, esté comme abbé Descache proffit en le ville de Douai à le feste du jour de l'an, xiv lt. »

Au même « pour les frais sousten us durant le feste du xxe, tant à festoyer et sousten ir les compaignies du dehors, comme aultrement, etc., » iv^{xx} lt. — A ses moines xx lt., soit c lt. au total.

« A quatré trompettes de la ville d'Ypres venus au xx° en le compaignie du capitaine de Pynon, lesquelles trompettes vinrent se ...... sonnade au disner de Messieurs led. jour du xx°, a esté donné comprins deux aeigles donnez à un folsage de le ville de Maubeuge, » xxvij s. iv d., (fol. 23 v.)

« A un messager de le ville de Lille, lequel estoit venu en ceste cité annoncher le jour que se debvait faire le feste des sots en led. cité ville, a esté par Messrs ordonné en la deffaulte de labbé Descache proffit, tant pour une enseigne dargent faite par Jacque Colpin, que pour le dépense de son cheval, xv s., (fol. 24).

1500-1501. — « A Toussaint Prudent abbé des cache proffit et ses moines pour les frais par eux soustenus à compaigner l'abbé de peu d'argent » de le ville, (fol. 15).

« Donné par lordonnance de Messrs de plaine cambre, à le compaignie des abbé et moisnes de lescache proffit, après les nouvelles de lalliance du fils à mons^r Larchiduc et le fille de France, et après procession générale faite led. jour, auquel jour et lendemain furent fais plusieurs esbatements de par led. de l'abbaye, cxij s. ij dt.

« Aux compaignons bouchers » pour le même objet.

« A Wille Vaille, jadis abbé Descache, pour l'assise du vin par lui dépensé » pour son dîner, 4 lt., (fol. 17).

« Aux trompettes de tres excellent prince mons^r

L'archiduc d'Austrice à sa première venue à Cambrai, etc., » vin.

« A Hawet, maire du Quetiviés et ses (sic) pour aucunes joyeusetez par eulx faittes le jour que led. prince a esté en ceste cité, etc., » vin.

« Au comte Hideux pour par lui et ses gens avoir fait certain exemple sur hourt, devant Saint Aubert, à l'entrée du prince, etc., » vin (fol. 18).

« A Grard de Raborie, réthoricien de lescache proffit, pour avoir fait et composé led. poèsme de abbeye, joué par personnaiges le jour des Rois dernier passé (1501), par courtoisie pour frais et dépens... » (le parchemin est troué).

« A l'abbé des cache proffit, nommé Grard de Bouvegne, pour ses frais comme abbé au xxe de l'an, m. v^c et ung, compris le fachon du hourt ordonné sur le marchiet de le cité pour tenir lad. feste » (le reste manque).

« Aux moines de l'abbaye, pour leurs frais en assistant et compagnant led. abbé durant led. feste » (défectueux) (fol. 19 v.)

1501-1502. — « A Grard de Bouvegnies, en ceste année abbé de lescache, pour ses frais du cras dimenche, » xx lt., (fol. 36).

1502-1503. — « Le darrain jour » de février au « comte de Hydeulx, au retour du cras dimenche, deux quennes de trois los de vin, etc., » fol. 19 v.)

1503-1504. — Le lendemain du xxe, vin présenté à quatre échevins de Valenciennes venus avec les sociétés de cette ville, (fol. 22).

Aux « cauchieurs... pour avoir recauchiet authour de le cappelette lau où a fait le palais de labbé de lescache, etc., » (fol. 37 v.)

1504-1505. — « Pour despens soustenus par les abbé et moisnes descache proffit, durant la fête du xxe dernier passé, laquelle feste Messrs ont fait faire aux despens de le cité, cx lt. »

Aux mêmes pour « le cras dimenche à Péronne »... xlij l. xvj s. i dt. (fol. 37).

1505-1506. — A labbaye pour ses « frais du voyage à Péronne au cras dimenche en faisant honneur à le cité, x lt. »

Le dimanche 27 septembre (1505), « à plusieurs compaignies d'Arras jueurs de barres, d'arbalestres, de sacquebuttes avec aucuns joueurs sur cars, » vin, 34 s.

Le même jour à « xviij compaignons de Douai, joueurs de barres venus en ceste cité sabilliez d'une parure, » vin 32 s. (fol. 22).

A lescache pour ses « frais de la feste des bons enfans de Douai, le premier de l'an 1506, viij lt., » (fol. 28).

1510-1511. — Le mardi 3 mars (1510), « au maire et compagnons du questiviés » à leur retour de Péronne au dimanche gras, 27 s. 6 d., (fol. 37).

« A Jehan de Hennin abbé de les cache proffit, pour le voyage de Douai, » 20 lt.

« Le lendemain du xxe à lescache en son palais et disner dhonneur ou étaient le prévost, les deux sepmainiers et les prinches du dehors, xl s. 6 d. » (fol. 40 v.)

« Refait les traux de le cauchie du marchiet en le palais de lescache, » x st., (fol. 55).

1511-1512. — « A Ernoul de Barbaise abbé de lescache proffit, pour ses banquets comme abbé, etc., etc., » 40 lt., (fol. 20 v.)

« Aux compaignons jueurs de labbaye de Lescache, pour subvenir aux despens par eulx soustenus en recordant le jeu par eulx joué le xe jour de febvrier, bout de l'an de la joyeuse entrée de ducé de n^{re} très redoubté seigneur et prinche, Monsr lévesque et duc de Cambrai et aultrement recréer ensemble, etc., l lt., (fol. 40 v.)

« A lescache pour la feste du xxe dernier passé laquelle, par le conseil et avis de plusieurs notables persònnaiges de le cité et ducé et pour plusieurs causes et raisons à ce mouvans a esté faicte aux frais de la cité ; payé en oultre ausdits abbé et moisnes ij^c ix l. xiv s. x dt. » (fol. 50 v.)

1512-1513. — « A quatre compaignons ayant le jour de le sollempnité de Sainte-Scolastique joué et récrée la cité, à chacun 5 st., (fol. 18).

1513-1514.— « Aux compaignons qui ont joué le jour du vingtiesme pour labbeie de lescache proffit sur un car, a esté donné pour les supporter des frais par eulx soustenus led. jour, tant en jeu et cars, comme autrement a esté donné lxvj s. viij d., et pareillement a esté donné à cincq autres compaignies qui ont recrée les autres ledit jour a esté donné à chacune xj s. ensemble xiij lt. vj s. viij d., » (fol. 48 v.)

1511-1515. — « A unze compaignies ayans joué jus sur cars devant le cambre de le paix et en plusieurs lieux en le cité le jour saincte Scolastique, pour résiouir le peuple, a esté par messrs pour eulx récréer ansamble à chacun des dictes compaignie, vingt sols, xj lt. » (fol. 25).

« A un hérault du capitaine Pinon de Douay ayant apporté lettres à mons labbé de lescache proffit et ses moisnes pour aller à l'an à Douay, donné une escache d'argent, v s. x d. »

A l'abbé pour la « feste du xxe et durant son année qui finira au xxe mil cinq cens et xvj,... selon ce qui lui a été promis, c lt.

« Au maire du Questivier pour subvenir à la dépense que la portée en faisant son office et servant l'abbé durant cette année, x lt. » (fol. 29).

Il est donné 60 lt. à l'escache pour son voyage à Péronne au « cras dimenche » et 4 l. au quétiviez pour la même cause (fol. 30).

1515-1516. — « A le carée et compagnie des bouchers de le croix au riez de Saint Jaacques et de deux carées à volonté, qui ont joué jeu de récréation sur cars le jour Sainte Scolastique, à chacune quarrée, xx s. pour ceste fois et sans conséquence de usace (usage), c s. (fol. 22 v.)

« Aux jouteurs de barres (le 13 août 1515), revenus du Castel où ils gagnèrent le maître prix des barres, xx s. (fol. 26).

« A lescache Adrien Dubois, pour sa dépense d'avoir esté à Douai à la feste des asnes, le jour de l'an, lx lt.

« A ceux du Questiviez joueurs et autres qui allèrent visiter le même jour le capitaine Pinon, iv lt. — Aux porteurs au sacqs » pour le même objet, 60 s. (fol. 29).

« A trois compaignie ayant ledit jour (du xxe) jué devant Messieurs, xvj s. viii d. (fol. 29 v.)

« A Jehan de Winghes escuïer abbé de lescache tant mains et en unition du don quil luy a esté fait quand il a esté institué en estat de labbeie, iv^{xx} x lt. (fol. 60).

1516-1517. — « A quatre compagnons jueurs sur car devant la chambre et autre part en cette cité, par grâce spéciale pour cette fois, xl s. (fol. 45).

« Au maire du Questivier allant avec l'abbé » (le dimanche gras à Arras), 50 s. (fol. 47).

Aux compagnies du Crut, des Hideux, de Rien n'épargne, des porteurs au sac de Saint-Christophe « de cette cité pour jeux et esbatements le jour de la nouvelle venue » de la promotion de l'évêque au cardinalat, 25 s. (fol. 49).

A l'escache pour ses frais à la même occasion, 60 lt. (fol. 52).

« Aux porteurs aux sacqs » pour aller à la fête du capitaine Pignon à Douai, au jour de l'an, 60 s. — Au questiviez pour le même motif, c s. (fol. 53).

« Au questivier, pour cette fois seulement » pour le jour du dernier xxe, 10 lt. (fol. 54).

« Pour une messe solempnelle chantée et célébrée de la charge de Messieurs, le jour du vingtiesme là onc estoient les suppos de messieurs de lescache ad cause que ceste année ny a point eu galla, » xxiij s. iv d. (fol. 57).

« A Jehan Perquin, pour avoir cauchie les traus fais en le cauchie du marquiet pour faire le palais de l'abbé, etc., (fol. 74 v.)

1517-1518. — « Aux suppos de lescache pour leurs frais d'avoir jué jeux de joyeuseté le jour de la sollennité de madame saincte Scolastique, le dimenche cras, et des quaresmeaux, pour cette fois, lx s. » et aux « maire et compaignons du questivier » pour la même chose et leur voyage du dimanche gras à Péronne « pour cette fois, » 100 s. (fol. 21 v.)

« A un messager envoyé par le capitaine Pinon de Douai à l'abbé de lescache pour annoncer la fête du jour de l'an, une petite escache d'argent à cause qu'il n'y a point présentement d'abbé, xx s. x d. (fol. 26).

1518-1519. — « Au maire de Boême, » vin x s. (fol. 25).

1519-1520. — Mentions du « palais de lescache sur le marchet. » — Des compagnies de Plaisance et du Quetiviez jouant le 20e et de cette dernière assistant l'abbé à Arras, (fol. 63 et 50).

Le vingtième « labbaye de lescache a este faicte et gouvernée aux dépens de la ville : 219 l. 5 s. 8 d. »

1520-1521. — Labbaye de Lescache va fêter à Arras le prince de Plaisance, « aux frais et sous la direction de la ville » le dimanche gras (138 s. 7 d.), avec le quetiviez (c s.), (fol. 19 v.)

1523-1524. — Le 7 mars « au maistre de lespée à deux mains de Valenciennes, venu en ceste cité et y fait des esbatements, » vin : 21 s. 11 d., (fol. 20).

« A ung nomé Beloni et ses compaignons jueurs sur cars aians joué audevant le chambre et ailleurs en la cité, certain jeu de moralité le jour sainte Scolastique dernier passé, etc., xxx s., (fol. 20 v.)

1524-1525. — « Aux joueurs aians joué quatre jus sur cars le jour de sainte Scolastique, iv lt. (fol. 20 v.)

1525-1526. — « Aux joueurs sur cars de la compaignie de Plaisance en Cambray, pour le jour du xxᵉ avoir joué jus et farces et joieusetez pour récréation du peuple, a esté donné pour ceste fois et sans l'attribuer à usance, xx s. (fol. 47 v.)

1526-1527. — « Aux compaignons rétoriciens qui en deux bendes et compaignies ont joué deux jeux et fait esbatemens et resiouissement le jour de la feste sainte Scolastique passé, xl s., (fol 19).

1527-1528. — « Aux compaignons jueurs de lespée et du baston pour le jour du xxᵉ avoir jué sur un chariot ung jeu de farce et de joieuse recréation, xx s. (fol. 23 v.)

1530-1531. — « A Jacques Dessuateulx orphèvre, pour une escache d'argent par lui faicte et donnée à un messaiger de Tournay pour certaines causes et affin de y garder l'honneur de le ville, xx s. » (fol. 19).

Le vingtième, « au prévost des coquins, » 16 s. 1 d. (fol. 20 v.)

1531-1532. — « Aux prince et compagnons de saint Jacques de Cambrai, » le vingtième, xxij s. (fol. 42).

1532-1533. — Aux « sans argent » pour avoir « joué le xxᵉ sur cars, » 40 s.

« Aux trompettes de l'Empereur venus aud. xxᵉ

11

jouer de leurs instrumens pour récréation tant de la feste que des assistens, leur a esté donné pour ceste fois un escu dor soleil, etc...., lxxiv s. iv d. (fol. 24 v.)

« Pour la dépense soustenue en la conduite de la feste de l'abbé de lescache, au xx⁰ de l'an (1533), selon laccord et advis de Monsr....., tant pour le jour de lad. feste que pour les jours précédens et depuis, v⁰ iiij^xx xvj l. viij s. viij d. » (fol. 25).

1533-1534. — « A Jacques Prudhomme et Cornille de Frémicourt, maistres dhostel de labbeie de Lescache, pour subvenir aux mises quil conviendra porter et soubtenir en la conduite de la feste et voiaige d'Arras au cras dimence prochain, vj^xx lt.

A lescache et « sens légier » le jour de sainte Scolastique, » etc., 26 l. 8 d. (fol. 20 v.)

Dépense du voyage d'Arras « abbé, moisnes et autres personnages, » compris « les livrées données ausd. moisnes, c xiiij l. xvj s. iij d. » (fol. 44 v.)

1534-1535. — « A la compagnie sans argent, » 30 s. (fol. 52).

« A deux compagnies de gallans sans argent, joueurs sur cars pour le xxe (1535), pour cette fois et par grâce spéciale sans l'atribuer à usance, » lx s. (fol. 59).

1535-1536. — « Aux compagnons sans souci » etc., (fol. 47).

1537-1538. — « Aux suppots de lescache, de Platte bourse, et sans argent » pour le jour de sainte Scolastique, 60 s.

« A Claude Le Mausnier (meunier) ayans ce jour

preschié sur un tonneau en récréant le peuple, luy a esté payé par lordonnance de Messrs, x s. (fol. 23 v.)

« A lescache le jour des innocents, pour récréer le commun, xxx s. » (fol. 29).

1538-1539. — « Aux teneurs de le compaignie sans argent aians pour la récréation du peuple joué sur cars es jours sainte Scolastique, du gras dimence et sainct Panchart (jour des cendres), 1 st. » (fol. 24).

1539-1540. — « Au prinche et compagnie de le bende joyeuse de ceste cité, » vin 75 s. (fol. 72).

1543-1544. — A l'escache « ayant joué par deux bandes et sur deux cars le jour des innocents, 50 s. (fol. 24 v.)

1546-1547. — « A aulcuns compagnons jueurs etc., » pour Notre-Dame de Marchette (Annonciation, 25 mars), xv^c xlvj l. xx s. (fol. 23).

1547-1548. — « A Géirit Du Quesne et ses compagnons jueurs sur cars de farces et aultrement, pour au commandement de messieurs et selon le volloire de Monsr Révérendissime, avoir esté au Chastel en Cambresis à la venue de Monseigneur le duc d'Aschot sa femme et aultres princes, affin de leur baillier récréation et esbatements en quoy faisant ils ont séjourné quatre jours, xviij lt. » fol. 26).

1553-1554. — « Donné aux enfans descole de sainct Géry ayans le jour vingtiesme joué des jeux en la chambre hault de mess^{rs}, etc., xx lt. » (fol. 25 v.)

1555-1556. — « A ceulx de la compaignie et confrairie de monsieur St-Jacques ayant joué le jour des caresmeaulx dernier, sur un car, quelque farce pour récréer le peuple, xxx st. (fol. 20).

1558-1559. — « A une compaignie de joueurs sur cars, pour avoir le jour de la paix joué une farse et esbatément pour récréer le peuple, etc., » 1 s.

« A six compaignons chantres à plaisir, pour avoir led. jour chanté et donné récréation au peuple, etc. c st.

« Aux confrères de saint Jacques en le boulenguerie pour eulx recréer attendu le farse jeuz et esbatement par eulx faicz » pour la même cause, 4 lt. (fol. 19 v.)

« A deux compaignies de joueurs sur cars ayans le jour de lad. entrée (de l'évêque Maximilien de Berghes le dimanche 22 octobre 1559, fol. 26) et le lendemain joué et fait esbatement, etc., iv lt. (fol. 26).

« Le jour du xxe aux mêmes (le prince et les compagnons de saint Jacques d'Arras) au disner dhonneur que lui ont faict les mayeurs et confrères de ceste cité, » 24 cannes de vin, 14 l. 8 s.

Le 24 janvier « aux prince, mayeurs et confrères de saint Jacques de Cambrai, » 24 cannes de vin, 14 l. 8 s. (fol. 27).

1559-1560. — « Aux prince, mayeurs et confrères de saint Jacques à leur retour d'Arras au gras dimenche, » etc., 8 cannes de vin, 4 l. 16 s. (fol. 18).

« A Pierre Bruiant ayant esté au xxe dernier en lestat de abbé de lescache profict affin de récréer le peuple et recevoir le prince de la compagnie saint Jacques d'Arras, » etc., 1 lt. (fol. 22 v.)

1561-1562. — « A Crépin Le Roy estant abbé de lescache profict, en le compagnie du serment des arbalestriers » le jour du xxe, 8 cannes de vin, 108 s. (fol. 28).

1566-1567. — « Aux enffans du collège de ceste cité pour avoir joué ung jeu en la chambre de Messrs le jour saincte Scolastique, leur a esté donné en récompense des mises qu'ils ont soustenu, c s. (fol. 55).

« Aux joueurs de lescrime de ceste cité, » 6 cannes de vin, 4 l. 10 s. (fol. 55 v.

1567-1568. — « Aux enffants de cœur de l'église de Cambrai pour avoir donné récréation à Messrs, leur a esté donné xx st. » (fol. 43 v.

1570-1571. — Aux enffans du collège de ceste cité ayans le jour sainte Scolastique donné récréation à Messrs jouant une comédie en latin, leur a esté donné suyvant le brevet de Messrs du xxiij de febvrier xv^c lxx signé Charlet, payé par le ij brevet, cx st. (Charlet était l'un des deux greffiers de la chambre. (fol. 24.

1571-1572. — « Aux maistres et enffans du collège de ceste cité, pour avoir le jour saincte Scolastique dernier joué une comédie et farse, leur a esté donné pour faire leur raton, payé par brevet..... du xij de février, signé Francqville (l'autre greffier), c st.

« Aux enffans de cœur de N^{re}-Dame pour avoir joué quelque farse et donné récréation à Messrs, leur a esté ordonné pour eulx récréer, etc., xx st.

« Aux enffans de cœur de saint Géry ayans le jour des caresmeaux dernier donné récréation à Messrs en jouant quelque...., leur a esté donné pour ceste fois (brevet du xx février), lx st. (fol. 23).

1574-1575. — « Présenté à Roland de Bavay le jour du xxe au soupper au relief de son abbaye de lencache proffit, où estoient Monseig^r le R^{me}, Monsr de

Cappiltres et autres gens de bien avec messrs, onze quennes de xviij lotz de vin prins au cellier de la ville, à ix sous le lot, viij lt. ij s. » (fol. 35).

1577-1578. — « Aux enffans de cœur de Nre-Dame et de saint-Géry ayans es gras jours derniers joué quelque farse et donné récréation à Messrs, leur a esté ordonné à chacun 1 s., en tout c s. » (fol. 72).

1578-1579. — « Aux enffans de cœur de notre Dame et de saint Géry ayans joué quelque comédie et farse devant Messieurs etc., à chacun 1 s. (brevet du 6 février) » (fol. 27).

1580-1581. — « Présenté le jour du vingtiesme à Hiérosme Sart esleu abbé de Lencache proffict, au soupper en le compagnie de Messieurs, viij quennes de vin pris au cellier, xij lt. » (fol. 74).

1582-1783. — Le xxe « à Crestien Mallet, prince d'amour » 16 cannes de vin, 24 lt. (fol. 43 v.)

1583-1584. — Le xxe « à Nicolas Sart échevin abbé de Lencache proffict, » 24 cannes de vin, 34 lt. 4 s.

Le lendemain « à Jehan Durant prieur dudit abbé, » 15 cannes, 21 lt. 7 s. 6 d. (fol. 71 verso).

1584-1585. — « Présenté le jour du xxe au soupper, à Georges de Bernemicourt abbé de Lencache proffict, vingt-quatre quesnes de trente-six lotz de vin eub au Chastelet, à xv st. le lot, payé xxviij lt. xvj d. »

« Présenté le lendemain du xxe au disner, à Pierre Gamin le josne, prieur de labbé de Lencache proffict, seize quesnes de vin prises à sainct Adrien à xviij st. le lot, sont xxj lt. xij s. » (fol 40).

1585-1586. — « Le xxe au soupper à Noel de le Sauch abbé, » 24 cannes, 36 lt.

« Le lendemain au disner à Jehan Thieullet prieur, 16 cannes, » 24 lt. (fol. 43 v.)

1586-1587. — « Au soupper au seigneur Robert Blocquiel abbé, » 24 cannes, 57 lt. 12 s.

« Le lendemain au seigneur Nicolas Lefebvre, prieur, » 24 cannes 48 lt. (fol. 73).

1587-1588. — « Le xxe à Jehan Rosel abbé de Lencache proffict à son soupper d'honneur où furent Monseigneur de Ballagny, madame sa femme et aultres, » 24 cannes de vin de 36 lots, pris au cellier, à 34 s. le lot, 61 l. 4 st.

« Le lendemain au disner à M. de Mœuvres, prieur dudit abbé, » 20 cannes, 62 lt. 16 s. (fol. 39).

1588-1589. — « Le xiij janvier jour du xxe, à Adrien Bernard abbé de Lencache proffict, » 24 cannes de 6 lots de vin, 54 lt.

« Le lendemain à Jehan Castellin, prieur, au disner, » 18 cannes, 40 lt. 10 s. (fol. 41).

1589-1590. — « A Pierre Gamin abbé de lencache » etc., 64 lt. 16 s. (en vin).

« Le lendemain au seigneur Jehan Millot, prieur, » 64 lt. 16 s. de vin (fol. 71 v.)

1590-1591. — « Le xxe au soupper à Michel de Hennin, eschevin, abbé, » vin 54 lt. 3 s.

« Le lendemain au disner à Jacques Des Maretz, aussi eschevin, prieur, » vin 40 lt. 10 s.

« Le lendemain à Nicolas de Lingniers, quatre hommes, et sous-prieur, » vin 27 lt. (fol. 71 v.)

1591-1592. — A « Robert Pierrin abbé, » vin, 57 lt. 12 s.

« Le lendemain à Jehan Prie, prieur » (quatre hommes), vin 44 lt. 4 s. (fol. 37 v.)

1592-1593. — « Le xx⁰ à Monsieur de Pynon eschevin, abbé de l'encache » etc., 24 cannes de vin, 64 lt. 16 s.

« Le lendemain à Jherosme de Lorteille, quatre hommes, prieur, » 18 cannes, 45 lt. 18 s. (fol. 71 v.)

1591-1594. — « Le xx⁰ à Jehan Canonne abbé, » 64 lt. 16 s., vin.

« A Jehan Desmaretz quatre homme, prieur, » vin 59 lt. 8 s.

1594-1595. — « Le xx⁰ à Jacques Desmaretz abbé de lencache » etc., 24 cannes, 79 lt. 4 s.

« Le lendemain à Nicolas de Lingniers, quatre hommes et prieur, » 18 cannes, 64 lt. 16 s. (fol. 22 v.)

1598-1599. — « Le 13 janvier 1599 à honorable homme Jehan Baptiste Laude abbé de lencache proffict, » 24 cannes, 75 lt. 12 s. (fol. 54).

« Le 14 janvier à noble homme Estienne de Quellerie escuier, prieur de l'abbé, » 18 cannes, 56 lt. 14 s. (fol. 54 v.)

« Au recteur du collège de la ville, ayant joué quelque comédie avecq ses enfans, et au maître des enfans de cœur de Nre Dame pour avoir chanté (au te Deum pour la paix) avec ses enfans, » xliij lt. (fol. 54 v.)

1599-1600. — « A quelques joueurs de comédie ayans

joué le xx⁰ de juillet 1599, pardevant Messieurs, en leur maison eschevinalle, payé le 21 dudit mois, xij lt. (fol. 18 v.)

« Le xx⁰ (1600) à l'abbé de Lencache etc., vin 56 lt. 16 s. avec 5 s. « pour le portage. »

« Le lendemain au prieur » vin, 46 lt. 16 s. et 5 s. « pour le portage » (fol. 26). — Dernière mention de l'abbé de les cache profit. —

1601-1602. — « A monsieur le recteur du collège de ceste ville, pour récréer ses disciples et escolliers après avoir joué quelque comédie, 25 lt. » (fol. 91 v.)

« Aux enfans du collège et acteurs de la tragédie exhibée depuis quelques jours pardevant Messrs en publicq, leur a esté ordonné par Mesd. s^{rs} par appostille sur requeste du xix de septembre 1601, 25 lt. » (fol. 100).

1604-1605. — « Donné à quelques comédiens italiens et français ayant le xix de mai dernier (1604) joué pardevant Messrs, pour assister à payer partie de leurs frais, par ordonnance..... du xx⁰ dud. mois, 12 lt. (fol. 72).

« A ung certain estranger joueur de corde et de plusieurs plaisanteries, par charge de Messrs, 8 lt. » (fol. 99). — Après le 4 décembre 1604. —

1605-1606. — « Aux maîtres joueurs de lescrime le jour que m^{re} Michel de Leaue a passé sa maîtrise en plain marchet, présent monseigneur n$\overline{re}$ gouverneur, Messieurs les sepmainiers et aultres en publicq, ix lots de vin, 6 lt. 2 s. 6 d. (fol. 34 v.)

« A quelques français ayans jué quelque comédie présens Messrs sur la chambre de ville, payé par charge verballe de monsr Préau sepmanier passé par le premier brevet, xij lt. (fol. 75).

« Au disner en la maison eschevinalle de ceste cité, le jour du xxᵉ après Noël et comme disner d'ancienneté, cvj lt. xviij s. (fol. 87 v.)

1614-1615. — « Donné à quelques comédiens par ordonnance de Messrs du dernier de septembre 1514, v lt. » (fol. 42).

1707, du 6 février au 6 août. — « A Jean Becquart (concierge de l'hôtel de ville), restitué par ordonnance dud. jour (27 mai), la somme de vingt trois florins quatre pattars, par luy déboursés par ordre de Messieurs du Magistrat, pour une collation présentée aux pensionnaires de damoiselle Du Château, le lendemain qu'elles ont représenté la comédie dédiée à mesd. sʳˢ du magistrat. » (fol. 36 v.)

1721-1722, 1ᵉʳ août au 1ᵉʳ août. — « A Jean Pagniez, par ordonnance du 18 de décembre mil sept cent vingt un, payé vingt florins pour un tiers contre Messieurs des Estats pour les deux autres tiers, pour l'indemnité et desintéressement qu'il a souffert de ce qu'on luy a pris la grange de saint-Géry dont il estoit dîmeur pour y placer les affuts des canons qui estoient dans la grange de l'hôtel de ville où on a placé le théâtre pour les comédiens de leurs excellences, nosseigneurs les plénipotentiaires au congrès, 20 fl. » (fol. 64).

1722-1723. — « Audit Houseau (concierge des provisions), payé 150 florins à lui accordés par l'intendant, par acte du 22 mai 1723, pour subvenir aux frais du pansement des blessures que son frère a essuié en visitant le théâtre de la comédie. » (fol. 47).

« A Léonard Lecocq, Médard Laleux et quatre autres personnes, payé 56 florins, pour avoir veillé et passé 57 nuits au théâtre de la comédie, afin qu'il n'y arrive aucun incendie. »

« A Messieurs du chapitre de saint-Géry, 33 fl. 6 p. 16 d., contre les Estats deux tiers, pour loyer de la grange à eux appartenante, où on a mis les affuts de canon qui étoient à l'hôtel de ville, dans la grange où on a placé le théâtre pour les comédiens de leurs excellences, nosseigneurs les plénipotentiaires au congrès, » — pour un an échu au Noël 1722. (fol. 47 v.)

1723-1724. — Léonard Lecoq et Pierre Houseau veillent pendant un an au théâtre pour les incendies, 75 fl. 12 p. (fol. 62).

Loyer payé à Saint-Géry pour sa grange, pour un an échu au Noël 1723, — 36 fl. 6 p. 8 d. (fol. 63).

1724-1725. — « A Pierre Houseau et Hugues Desmoulins pour avoir veillé au théâtre pendant 189 nuits, crainte d'incendie, 85 fl. 1 p. »

Au chapitre de Saint-Géry, le tiers de 19 mois de loyer à cause du théâtre, 52 fl. 13 p. 4 d. (fol. 56).

« A Sebastien Rucart, par ordonnance du 18 Juin 1725, payé 48 florins pour lui tenir lieu du prix des réparations et augmentations de bâtiment faites en la maison de Philippe Houseau, au-dessus de la cuisine, lesquelles servoient aux comédiens de leurs excellences les plénipotentiaires, que ledit Rucart avoit acheté, parmy quoi ledit Rucart s'est obligé de laisser les dites augmentations au profit de la ville. » (fol. 61 v.)

1748-1749. — « Audit Poldevin pour maçonnerie et

charpente qu'il a fait dans un certain terrain nommé le pret d'Espagne pour l'établissement d'un cimetière pour les soldats de la garnison, conformément à son adjudication du 10 mai 1749. — 137 fl. 10 p. » (fol. 36).

1763-1764. — « A Jean Baptiste Grulois (concierge des provisions) a été payé par ordonnance et quittance, la somme de deux cent quatorze florins, onze patars, pour la dépense occasionnée pour le théâtre et loges de la comédie établie dans la salle des canonniers de l'hôtel de ville, suivant l'autorisation de M. l'intendant.» (fol. 21).

SOCIÉTÉS DE RHÉTORIQUE
& DE JOUEURS SUR CARS
VENUES A CAMBRAI (1).

1400-1401. — Compagnons jouant « as escus », d'Amiens.

— De Saint-Quentin.

— D'Arras.

— De Cité (quartier particulier d'Arras).

1427-1428. — Compagnons de Douai.

— Compagnons de Valenciennes.

1429-1430. — Compagnons joueurs de Tournai.

— De Béthune.

1435-1436. — L'Abbé de Liesse d'Arras.

1436-1437. — L'Abbé de Valenciennes.

1440-1441. — Le Capitaine de Pygnon ou de Pinon de Douai (2).

1442-1443. — Les Compagnons de Péronne.

— Les Compagnons joueurs de Bouchain.

---

(1) La date est celle de l'apparition de la compagnie dans les comptes, l'existence de plusieurs de ces sociétés s'est prolongée jusqu'au XVIIe siècle.

(2) Pignon, peigneur de laine ou de chanvre. Douai possédait alors d'importantes fabriques de drap et le chanvre était déjà cultivé dans ses environs.

1443-1444. — Le Prince de Valenciennes.

1444-1445. — Le Prince des joueurs d'Arras.

— Les Compagnons joueurs de la ville d'Haspres (près Valenciennes).

— Les Compagnons joueurs de La Bassée.

1448-1449. — « Le Vighier » de Carpentras.

— Le Prince de Plaisance de Valenciennes.

1451-1452. — Le Prince du Glay d'Arras.

1454-1455. — L'Abbé de « Josne » Enfance de Douai.

— Les Joueurs de Saint-Pierre de Douai.

1456-1457. — L'Abbé de Bon Espoir du Castel en Cambresis (Le Câteau).

1457-1458. — Les Confrères de Saint-Jacques d'Arras.

— Le Prince d'Amour d'Arras.

— Le Prince de « la Teste » d'Arras (ou les Testus).

1458-1459. — Les Joueurs de Nesle en Vermandois.

1459-1460. — Les Joueurs d'Avesnes en Hainaut.

— Les Joueurs de Marchiennes.

— Les Joueurs d'Inchy (en Cambresis?)

— Le Cardinal de Saint-Quentin et sa compagnie.

1460-1461. — Le Prince du « Bon Voloir » d'Arras.

— Les Pelletiers d'Arras.

— Le Prince de Jeunesse, de Valenciennes.

— Les Joueurs de Marly (près Valenciennes).

— Les Joueurs de Walincourt (en Cambresis).

— Les Joueurs d'Oisy (en Artois).

1461-1462. — Les « Mulquiniers » (1) d'Arras.

— Le Prince ou Capitaine de « l'Estrille » de Valenciennes.

1463-1464. — Le Roi des Lourds ou Roi des Lourdauds d'Arras.

— La Compagnie du Plat, de Valenciennes.

1463-1464. — Les Joueurs de la Nuvielle (nouvelle société) de Valenciennes.

— Les Joueurs de Ligny (en Cambrésis).

1464-1465. — Les Joueurs de Fontaines-lez-Gobert (Fontaine les Aubert), aujourd'hui Fontaine-au-Pire près Cambrai.

— Les Joueurs de Mincement ou Compagnons de la Mincerie (de peu de valeur) de Valenciennes.

— Le Roi de l'Ours de Saint-Vaast, d'Arras.

1466-1467. — Les Compagnons de la Muicherie (ou Mincherie) d'Arras.

1470-1471. — Les Tuteurs de Douai.

— Les Compagnons de Fontaine-au-Bois (près de Landrecies).

1475-1476. — L'Abbé du Prince de Mincement d'Arras.

— L'Abbé de Mal Epargne, d'Arras.

— Le Prince de Bon Espoir, d'Arras.

— Le Prince des Aventureux, d'Arras.

— Les « Coquars », de Valenciennes (2).

---

(1) Mulequiniers, ouvriers qui tissent les batistes, linons, etc.
(2) Beaux diseurs — *alias* nigauds, sots ou maris trompés.

— L'Abbé des Mariés, de Péronne.

— Le Prince des Sots, de Péronne.

— L'Abbé de Peu d'Argent, de Crèvecœur (près Cambrai).

1481-1482. — Les Compagnons de Saint-Nicolas, de Valenciennes.

— Les Bons Enfants, de Douai.

1488-1489. — Le Prince du Mai, de Valenciennes.

— La Compagnie des « Locquebaux, » d'Arras (1).

— La Compagnie de Nivelle.

— Les Frisons, de Douai (2).

— La Compagnie de Saint-Amé, de Douai.

— Le Roi du Sac (des portefaix) de Valenciennes.

— Les Incongrus, de Douai.

— La Compagnie de Tubies (?)

1489-1490.— L'Abbé à Tout Propos, de Valenciennes.

— Le Prince de Potage, de Douai.

— Le Maire des Lés, du Câteau (3).

— Le Prince de Saint-Jacques, d'Arras.

— La Compagnie des Vicaires de Saint-Amé, de Douai.

(1) Locquebaux, vêtus de haillons, de loques.

(2) Ouvriers fabriquant l'espèce de drap nommé Frise, sorte de ratine peluchée, grossière et non croisée, dont on augmentait l'épaisseur apparente « la main » en « frisant » la peluche à l'aide d'un instrument appelé « frisoir ».

(3) Espace de terrain réservé entre un cours d'eau et les propriétés des riverains. Des lés existaient le long de la Selle. Les habitants des rives ?

1493-1494. — L'abbé de Liesse, de Saint-Pol (Artois).

— Le Prince de « l'Estrille » de Saint-Paul.

— Le Roi des Sots, de Lille.

— Les « Malduichons, » de Douai (1).

— Le Prince de l'Etrille, de Douai.

1493-1494. — Les Jenoix (?) d'Arras.

— L'Oncle des Neveux, de Douai.

1495-1496. — Les Bouchers, d'Arras.

— La Compagnie de Saint-Jacques, de Péronne.

— La Compagnie du village de Masnières (près Cambrai).

1503-1504. — L'Abbé des « Pieds Descaut, » de Péronne (2).

— Le Roi des Rassemblés de Masnières.

1504-1505. — Le prince des Bouchers de Péronne.

— Le Prince du Crut de Douai.

— Le Prince des Coquins, du Câteau.

1505-1506. — Les Joueurs de Millay (?).

— Le Roi des Sergents, de Péronne.

— M. l'Esleu (l'élu) de Péronne.

1510-1511. — L'Abbé des Innocents, du Câteau.

---

(1) Mal élevés ou mal appris, mal habiles. — Du vieux verbe duire, apprendre, s'instruire.

(2) Pieds déchaussés : va-nu-pieds. « Aller à pieds descaux, » pieds nus, est une expression encore en usage dans le Cambresis et l'Artois.

— Le Prince des Faîteurs, de Douai (1).

— Le Prince de Saint-Jacques, de Douai.

— Les Rhétoriciens de Valenciennes.

— Le Prince de Saint-Jacques, de Valenciennes.

— Les « Campions » de Douai (2).

— Les Porteurs au sac, de Douai.

— La Compagnie des Sans Gain, de Valenciennes.

1515-1516. — L'Archidiacre du Hacquebart, de Douai.

1517-1518. — Le Père des Sots d'Anchin (ou l'abbé).

— Les Joueurs du Quesnoy.

1518-1519. — Le Capitaine Faubu, d'Arras.

— L'Abbé de Bonne volonté, de Valenciennes.

1519-1520. — L'Abbé « de le Court, » d'Arras.

— L'abbé de Peu de Sens, d'Oisy (Artois).

— Les Joueurs de Solesmes (Hainaut).

1525-1526. — Le Prince de Jeunesse, d'Arras.

1528-1529. — Joueurs « sur cars » d'Amiens.

— Les Chantres de Saint-Amé, de Douai.

1529-1530. — Les Joueurs du village de « Favroil. » (Favril, aujourd'hui arrondissement d'Avesnes).

1532-1533. — La Compagnie de la Franche Volonté, d'Arras.

— La Compagnie d'Honneur, d'Arras.

(1) Amis de la fête.

(2) Les champions, en patois campions.

— Les Roi et Compagnons de l'Estaple, de Valenciennes (1).

— Les Sans Soin, de Valenciennes.

— La Compagnie du Plat d'Argent, du Quesnoy.

1544-1545. — Les Plaisantins de Douai.

1561-1562. — La Mère des « Sotties, » d'Arras.

ABBÉS DE LESCACHE PROFIT.

1464-1465. — Ernoul Droghet.

1490-1491. — Jehan Comare.

1493-1494. — Pol (ou Paul) Du Mont.

1494-1495. — Jehan le Chief (par intérim).

1495-1496. — Jehan Rasse (2).

— Jehan Claix (dit le Liégeois).

— Wille (Guillaume) Vaille (sans indication d'année).

1500-1501. — Toussaint Prudhome.

1500-1501 et 1501-1502. — Grard de Bouvegne ou de Bouvegnies.

1510-1511. — Jehan de Hennin.

1511-1512. — Ernoul de Barbaise.

1515-1516. — Adrien Dubois.

1526. — Andrieu de Gand.

---

(1) Estaple, marché.

(2) C'était le propriétaire, alors, de l'une des sources qui alimentent aujourd'hui, Cambrai, d'eau potable.

1559-1560. — Pierre Bruiant.

1580-1581. — Hierosme Sart (1).

1583-1584. — Nicolas Sart, échevin, abbé.

— Jehan Durant, prieur.

1584-1585. — Georges de Bernemicourt, abbé (2).

— Pierre Gamin le jeune, prieur.

1585-1586. — Noël de Le Sauch, abbé.

— Jehan Thieullet, prieur.

1586-1587. — Robert Blocquiel, abbé (3).

— Nicolas Le Febvre, prieur (4).

1587-1588. — Jehan Rosel, abbé.

— M. de Mœuvres, prieur.

1588-1589. — Adrien Bernard, abbé.

— Jehan Castellin, prieur (5).

1589-1590. — Pierre Gamin, abbé.

— Jehan Millot, prieur.

1570-1591. — Michel de Hennin, échevin, abbé.

— Jacques Des Maretz, prieur.

— Nicolas de Lingnières, sous-prieur (6).

1591-1592. — Robert Pierrin, abbé.

(1) Il fut échevin de 1595 à 1608.
(2) Echevin, de 1601 à 1607.
(3) Echevin de 1598 à 1610.
(4) Echevin de 1595 à 1607.
(5) Fut échevin en 1598.
(6) Fut échevin de 1598 à 1609, année de sa mort.

— Jehan Prie, quatre hommes, prieur.

1592-1593. — Monsieur de Pynon, eschevin, abbé (1).

— Jherosme de Lorteille, quatre homme, prieur.

1593-1594. — Jehan Canonne, abbé.

— Jehan Desmaretz, quatre hommes, prieur.

1594-1595. — Jacques Desmaretz, abbé.

— Nicolas de Lingniers quatre hommes, prieur.

1598-1599. — Jehan Baptiste Laude, abbé (2).

— Estienne de Quellerie, écuyer, prieur.

RÉGLEMENT

RENDU

Par Messieurs du Magistrat de Cambrai

POUR LA POLICE DU SPECTACLE

Le bon ordre exigeant de notre part que nous portions notre attention et notre surveillance sur les spectacles, ouï sur ce le Prévôt de cette Ville, nous avons provisionellement Ordonné et statué les Points et Articles suivans.

ARTICLE PRÉMIER.

Le Directeur, dont la Troupe aura été par Nous admise, apportera la plus grande attention, à ce que le Spectacle commence toujours à cinq heures et demie

---

(1) Jean le Carlier, seigneur de Pinon, échevin en 1595.

(2) Echevin de 1595 à 1612.

précise l'Eté, et à cinq heures précises l'Hiver ; à peine d'amende arbitraire contre ceux qui en occasionneront le retard, même de prison, s'il y échet, suivant l'exigence des cas. Le prix des Billets pour les premières Loges, Parquet et Amphithéâtre, sera de trente sols ; pour les secondes Loges, de quinze sols ; pour le Parterre de 12 sols, et pour les Galleries érigées au-dessus des secondes Loges, de dix sols : défendons au Directeur d'augmenter le prix des Billets, sans en avoir obtenu l'agrément du Prévôt et du Commissaire d'entre nous, que nous avons préposé pour la police du spectacle.

II

Aucune personne, de tel état, qualité et condition qu'elle puisse être, ne pourra se placer sur le Théâtre pendant le cours des représentations ; toutes les Loges resteront libres au service du Public, sans pouvoir être ni louées à l'année ou par mois, ni retenues d'avance par des domestiques : en exceptons néanmoins la première loge à droite, qui sera toujours réservée pour le Gouverneur, et en cas d'absence, pour le Commandant de cette place ; et la première Loge à gauche, qui sera aussi réservée dans le cas seulement où l'Intendant de la Province se trouvera en cette Ville.

III

Défendons très-expressément de foncer les portes des Loges, ou de passer de Loge en Loge en les escaladant, pour choisir d'autres places, à peine d'amende arbitraire.

IV

S'il arrive qu'aucuns Habitants de cette Ville, ou d'autres Spectateurs étrangers et non militaires, troublent ou interrompent le Spectacle, et qu'après la première sommation de silence qui leur aura été imposée, ils continuent à faire du bruit, et donnent lieu par leurs indocilités à être arrêtés, lesdits Habitans et Etrangers non militaires, seront sur le champ conduits dans les prisons de cette Ville, pour être punis suivant l'exigence des cas : et à cet effet, indépendamment des Grenadiers de la garnison, préposés tant sur le Théâtre que dans le Parterre et à la porte d'entrée, pour concourir au maintien de l'ordre, il se trouvera, chaque jour de spectacle, deux Sergens de cette Ville, avec leurs armes, dont l'un sera placé au milieu de la longueur du Parterre, et appuyé contre le mur dans l'endroit qui lui sera indiqué par notre Commissaire ; et l'autre à la porte d'entrée dudit Spectacle, pour y exécuter les ordres qui leur auront été donnés.

V

Chaque jour de représentation les Musiciens seront prévenus de se rendre dans la Salle de Spectacle, d'assez bonne heure, pour que l'orchestre puisse faire l'ouverture de sa symphonie à cinq heures précises au plus tard ; le Directeur répondra personnellement des contraventions qui seront commises à cet égard.

VI

Il sera fait toutes les quinzaines un répertoire, dans lequel seront rangées par ordre toutes les pièces qui devront être représentées : lorsqu'elles auront été une fois arrêtées, elles seront successivement annoncées au Public, tant sur le Théâtre que par des affiches, et il ne sera plus ensuite permis d'en changer l'ordre, ou d'en réformer, pour en substituer d'autres, sans en avoir obtenu l'agrément de notre Commissaire.

VII

Toutes les dernières quinzaines de chaque mois, il sera procédé à la distribution des rôles dont les Acteurs et Actrices seront chargées ; et il en sera tenu note par le Directeur. Ordonnons à tous les Acteurs et Actrices de se trouver à cette distribution, à peine de six livres d'amende ; et ceux ou celles d'entr'eux qui par négligence, faute d'étude, ou mauvaise volonté, feront manquer l'ordre du répertoire, seront punis d'amende arbitraire, ou autrement, suivant l'exigence des cas.

VIII

Pour éviter toutes contestations dans les emplois en partage, il sera fait dans le répertoire, chaque fois qu'il sera renouvellé, deux colonnes, dans l'une desquelles seront insérés les meilleurs rôles, et dans l'autre les médiocres : ces rôles seront pris alternativement sans distinction, suivant l'ordre des colonnes : la voie du sort décidera le choix, sans avoir aucun égard si tel rôle est su, et si tel autre ne l'est pas : chaque Acteur et chaque Actrice devant remplir tout ce que son devoir et ses engagements lui prescrivent, et nullement ce que l'amour propre peut leur inspirer et leur suggérer.

IX

Tout Acteur ou Actrice, qui devra remplir un rôle arrêté par le répertoire, ne pourra se dispenser de le jouer, quand bien même ce rôle ne serait pas de son emploi. Défendons à tous Acteurs et Actrices de contester les rôles de partages, lorsqu'ils auront été arrêtés et rangés dans le répertoire.

X

Il sera exactement et chaque fois fait des répétitions de toutes les pièces avant leurs représentations ; Condamnons ceux qui manqueront de se trouver à ces répétitions, à une amende de trois livres ; et ceux qui n'y seront point rendus à l'heure désignée à celle de trente sols seulement : la répétition se fera toujours à huit heures et demie précise du matin, lorsqu'il y aura grand Opéra ; et à neuf heures, quand il n'y aura qu'un Spectacle ordinaire ; le Directeur devant répondre personnellement de sa troupe, sera puni arbitrairement, lorsqu'une pièce sera jouée sans avoir auparavant été répétée.

XI

Le Directeur étant principalement comptable au Public du succès de son Spectacle, et devant veiller avec exactitude à ce que rien n'y manque, il ne pourra se dispenser de paroître aux répétitions, ou d'y dénommer quelqu'un à sa place, en cas d'empêchement légitime, à peine de douze francs d'amende par chaque contravention.

XII

Le Directeur, ni aucuns préposés de sa part, ne pourront, sous tel prétexte que ce soit, recevoir aucun argent à la porte : il ne leur sera aussi permis de délivrer aucuns billets chez eux, ou en ville, ou partout ailleurs, voulons au contraire qu'il ne soit délivré aucuns Billets, sinon qu'à la porte du Bureau, où l'argent sera versé dans la caisse du Buraliste, à peine de prison en cas de contravention; exceptons néanmoins de cette disposition uniquement le cas particulier où il sera fait quelques représentations extraordinaires au profit de quelques Acteurs ou Actrices, ou autres.

XIII

Tous les Acteurs et Actrices, non employés dans une pièce qui sera représentée, seront tenus d'y paroître et d'y servir dans les accessoires, lorsqu'ils en seront requis, à peine, en cas de refus de leur part, d'encourir une amende arbitraire.

XIV

Le Directeur ou son préposé donnera chaque jour à l'un des garçons du Théâtre une note, qui contiendra le nom de tous les Pensionnaires qui devront représenter le lendemain, et il les fera avertir de se trouver aux répétitions, au moins une demi-heure avant l'heure indiquée à cet effet.

XV

Il est ordonné au garçon chargé d'avertir les Acteurs et les Actrices de l'heure des répétitions, de commencer sa tournée de façon qu'elle soit finie une demi-heure avant l'heure prescrite, à peine de 30 sols d'amende.

XVI

L'un des garçons de Théâtre se trouvera exactement, et sans déplacer, à chaque répétition, et il ne pourra sous tel prétexte que ce soit, s'en exempter, à peine d'emprisonnement pour la première fois, et de révocation pour la seconde.

XVII

Le Directeur ou son préposé, donnera chaque jour de Spectacle, à l'un des garçons de Théâtre, une note exacte de tous les ustensiles nécessaires aux pièces qui devront être représentées ; et ces ustensiles devront être portées sur le théâtre avant quatre heures : le Directeur aura soin de vérifier alors si les ordres ont été exécutés, et d'y faire suppléer de suite, en cas de défaut de la part du garçon qui, dans ce cas, sera arbitrairement puni.

XVIII

Le Machiniste aura l'attention de tenir son Théâtre prêt pour quatre heures précises de l'après-midi ; dans les représentations qui exigeront une complication de machines, il aura aussi l'attention de faire ses préparatives (sic) la veille, ou de commercer son travail le jour même des représentations, d'assez bonne heure, pour qu'il puisse les cesser au moment des répétitions, à moins qu'il n'ait assez de temps dans le cours de l'après-midi de les achever, à peine de prison ; et ne pourront les répétitions commencées être interrompues pour telle raison que ce puisse être.

XIX

Les garçons de Théâtre commenceront à trois heures de l'après-midi à aller prendre les paquets des Acteurs et Actrices, afin que leurs paquets puissent être rendus à la Loge au plus tard à quatre heures et quart, à peine de prison.

XX

Toutes les fois que les garçons de Théâtre auront emprunté pour le Spectacle des ustensiles qu'on aura bien voulu leur confier, ils les rendront au plus tard le lendemain dans la matinée, et ils répondront solidairement avec le Directeur de ces ustensiles et des dommages qui pourroient y être arrivés, à moins que ces dommages ne soient survenus pendant le Spectacle, auquel cas, le Directeur en restera personnellement responsable, sauf son recours, s'y y échet.

XXI

Aucun des Acteurs et Actrices ne pourra sous tel prétexte que ce soit, s'absenter de la Ville pour découcher, sans en avoir demandé la permission au Directeur, et obtenu l'agrément du Commissaire d'entre nous proposé pour la police du Spectacle ; à peine d'amende arbitraire, même de prison, suivant les circonstances des cas.

XXII

Il sera pris par le Commissaire, par nous dénommé, toutes les mesures convenables pour assurer aux Pensionnaires, de la part du Directeur, le payement de leurs appointements.

XXIII

Tous les différens et contestations qui pourront survenir entre les Directeur, Acteurs et Actrices relativement au Spectacle, seront portés pardevant notredit Commissaire, pour être par lui décidés et jugés sommairement, ainsi qu'il appartiendra, sauf l'appel en pleine Chambre, le cas échéant.

XXIV

Pour qu'il ne puisse être prétexté cause d'ignorance du présent Réglement, il sera lu et publié en présence du Directeur, des Acteurs, Actrices et autres attachés au service du Theâtre, lesquels seront à cet effet convoqués par ledit Directeur; et deux exemplaires d'icelui resteront perpétuellement affichés dans l'intérieur dudit Théâtre : et sera au surplus ledit Réglement enregistré en notre Greffe, pour y avoir recours au besoin.

Fait en pleine Chambre en l'Assemblée extraordinaire y tenue le 21 septembre 1773.

Par ordonnance,

ALAVOINE

Commis juré du Greffe.

INSTRUCTIONS A DONNER

au Commandant de Cambrai, pour la Police de la Comédie.

DÉCEMBRE 1782.

Dans la conférence qui a eue lieu à Cambrai, le 2 octobre 1782, entre le Prince de Robecq et les députés du Magistrat de la dite ville, relativement à la Police civile et militaire, à exercer sur les Troupes de Comédiens auxquels le Commandant de la Province donnerait le Privilège d'y venir jouer, il a été proposé pour prévenir toutes difficultés à cet égard :

1° Que la Police leur appartenoit sur tout ce qui tient à la Comédie, comme ils l'ont sur tous les autres habitants de leur ville, tant extérieurement que dans l'intérieur de leurs maisons, mais qu'ils ne pouvoient pas y donner d'extension, telle que celle qu'ils prétendoient, de leur faire rendre compte de leur recette journalière, ne pouvant entrer dans le détail des affaires particulières d'un Directeur de Comédie et le mettre en quelque façon en curatelle, que lorsque des créanciers portent des plaintes contre lui, que dans ce cas ils auroient le droit qu'on ne peut leur contester de faire saisir leurs appointements, les abonnements et la recette de la porte pour sûreté des créances et d'user de la même autorité qu'ils ont dans ce cas sur leurs habitans.

Décision du Ministre :

Ils n'ont pas le droit de disposer de la Caisse et de la Recette journalière des Comédiens, on ne connoit ni lois ni réglements qui les y autorisent.

2° Que le 1ᵉʳ de chaque mois, le Directeur sera obligé de présenter au chef du Magistrat ainsi qu'au Commandant de la Place, le répertoire des pièces qu'il se propose de donner pendant le mois; s'il s'en trouvoit quelqu'une qui ne fût pas admise à la Cour et à Paris, ils se la feroient apporter pour en prendre lecture et s'ils y trouvoient quelque chose contre les mœurs, la décence, ou des personnalités, ils requerront le Commandant de la Place d'en défendre la représentation.

Décision du Ministre :

Toute pièce jouée à la Cour et à Paris peut sans difficulté être également jouée dans les villes de Province; mais c'est au Magistrat seul à décider si les pièces nouvelles doivent être admises ou non;

cet objet concerne la Police intérieure des Spectacles qui lui appartient exclusivement à tous autres.

3° Tout ce qui troublera l'ordre public, dans l'intérieur, comme à l'extérieur de la Salle, sera soumis de droit à la Police des Magistrats qui y enverront des sergents de ville ou autres employés de leur part qu'ils jugeront convenables, et qui auront le droit d'aller dans toutes les parties de la Salle, sans aucune exception pour y maintenir le bon ordre et arrêter ceux qui y manqueroient; la garde militaire leur accordera main-forte à la première réquisition, ils entreront gratis au Spectacle lorsqu'ils seront revêtus des marques distinctives de leur état, mais ils ne pourront rien exiger des Comédiens, étant payés des Magistrats pour veiller à la police.

Décision du Ministre :

Approuvé.

4° Si la garde militaire se trouvoit dans le cas d'arrêter un bourgeois, il seroit remis dans l'instant, ou au moins le plûtôt possible, à la disposition des Magistrats.

Décision du Ministre ;

Approuvé.

5° Si quelque personne de considération demandoit une pièce du répertoire général admis, autre que celle qui auroit été annoncée, ou qui seroit inscrite à son rang sur le répertoire du mois, ce changement ne pourroit se faire qu'avec la permission du Commandant de la Place qui aura seul le droit de l'accorder ou de la refuser, ainsi que de permettre où de deffendre les abonnemens suspendus.

Décision du Ministre :

Les Officiers formant la majeure partie des abonnements dans les villes où ils sont en garnison, le Commandant de la Place peut en permettre la suspension quand les besoins des Comédiens l'exigent, mais lorsque le Directeur a obtenu son agrément il doit sur le champ en informer les officiers municipaux et leur demander aussi leur consentement, bien entendu qu'ils ne pourront le lui refuser.

Il n'appartient qu'à ces derniers de permettre ou de deffendre qu'on change les pièces annoncées.

6° Les prix des différentes places seront fixés par le Directeur de la Comédie au taux le plus modéré possible; dans aucun cas, ils ne pourront excéder ceux qu'on paie à Lille et à Valenciennes. Dans les cas extraordinaires où il est d'usage de tiercer, ils ne pourra le faire qu'avec la permission du Commandant de la Place et celle des Magistrats qu'il sera obligé de leur demander.

Décision du Ministre :

Il doit y avoir un taux fixe et déterminé pour les places suivant l'usage observé dans toutes les villes où il y a des spectacles et on ne doit pas permettre que les directeurs exigent un prix au-dessus de celui réglé pour les comédiens qui les ont précédés dans les villes où ils sont appellés, le Commandant doit leur accorder concurremment avec les officiers municipaux la permission de tiercer dans les cas extraordinaires.

7° Lorsque les comédiens manqueront aux devoirs de leur état ils seront punis par l'autorité du Commandant de la Place qui pourra même les faire mettre en prison; quant aux punitions pécuniaires qu'ils s'imposent eux-mêmes suivant l'usage de leurs engagements avec les Directeurs, ou aux retenues que ces derniers se croiroient en droit de leur faire pour quelque cause que ce puisse être, ainsi que tout ce qui sera affaire d'intérêt ou contentieux sera soumis à la police du Magistrat.

Décision du Ministre :

Le Commandant de la Place ne doit avoir aucune inspection sur les comédiens, il ne peut faire emprisonner aucun particulier de quelque état qu'il soit que pour des délits qui intéressent le service du Roy, où la sûreté de la Place, faisant du désordre, et dans ce cas, il doit le faire remettre le plûtôt possible aux officiers de police ou aux juges ordinaires.

8° La Loge connue sous le nom de *la Loge du Roy*, sera réservée pour le gouverneur ou son représentant. Le Commandant de la Place pourra faire réserver le premier banc derrière l'orchestre, en totalité ou en partie, suivant le besoin, pour les officiers supérieurs.

Décision du Ministre ;

Approuvé.

9° La Loge vis à vis appellée *la Loge de la Reine*, sera réservée pour l'Intendant de la Province lorsqu'il y sera; toutes les autres places seront données à ceux qui se présenteront les premiers. Il sera pourtant permis au Directeur de louer des loges entières et d'avance; dans le cas de foule on ne pourra établir des bancs sur le théâtre qu'après en avoir obtenu la permission du Commandant de la Place, qui aura sur les comédiens la même autorité que celle de MM. les

Gentilshommes de la Chambre ont sur ceux de la capitale.

Décision du Ministre ;

Les comédiens doivent être autorisés à louer des loges entières dans les cas de foule, et ils ne pourront établir de bancs sur le Théâtre qu'après en avoir obtenu la permission du Commandant de la Place.

10° Aucun Militaire ou Bourgeois autre que les préposés à la police ne pourra entrer aux répétitions ni monter sur le Théâtre ou dans les coulisses pendant les représentations.

Décision du Ministre :

Approuvé.

11° Personne ne pourra sous prétexte du privilège de sa charge se réserver des loges ou des places particulières sans les payer.

Décision du Ministre :

Approuvé.

SÉGUR.

Certifié par nous, Lieutenant Général des armées du Roy et Commandant en Chef des Provinces de Flandres et Haynaut.

MONTMORENCY prince DE ROBECQ.

CONSIGNES

pour le Commandant de la Garde et les Sentinelles de la Salle des Spectacles de Cambrai.

Le Commandant, avec le nombre de Grenadiers pour la Police de la Comédie, partira de son quartier pour être rendu à la Salle des Spectacles, à quatre heures précises.

En arrivant, il placera les sentinelles comme il est dit ci-après, leur expliquant bien ce qu'ils doivent faire.

Lorsqu'il les aura placés, il verra dans la Salle s'il y est entré quelques personnes avant l'heure ordonnée pour laisser entrer ; et s'il y en a, il ira les prier avec bien de l'honnêteté d'en sortir, et de rentrer à leur tour avec ceux qui attendront à la porte. Si c'était des Messieurs et des Dames, et qui s'y refuseroient, il les priera de vouloir bien donner leurs noms, et en rendra compte sur le champ à l'Officier-Major de Place : si ce sont des Bourgeois ou Bourgeoises, il réitérera honnêtement de sortir ; et si à la troisième instance ils n'obéissent pas, il les arrêtera et les remettra à l'Officier-Major de Place sitôt son arrivée, qui les donnera au Commissaire du Magistrat, afin qu'ils soient punis pour leur désobéissance. Cette visite faite et les Sentinelles placées le plus promptement possible, il viendra dire à celui ou celle qui tient le Bureau du Spectacle, qu'il peut délivrer les Billets d'entrée.

Sentinelle à la porte d'entrée.

Il lui est ordonné de donner main-forte à celui ou celle qui distribuera les Billets pour entrer au Spectacle, s'il le requiert ; fera ce qu'il lui sera demandé par le Directeur ; empêchera la presse pour entrer ou sortir ; aura soin que qui que ce soit n'entre avec des Chiens et empêchera toute personne, telle qu'elle puisse être, d'entrer avec des Chaufferettes et du feu ; il y veillera avec la plus grande attention, afin d'empêcher tout ce qui pourroit occasionner l'incendie de la Salle.

Sentinelle au Parterre.

Lorsque la Toile du Théâtre sera levée, il lui est ordonné d'observer si tout le monde a chapeau bas ; et s'il apperçoit quelqu'un qui l'ait sur la tête, il le priera avec honnêteté de l'ôter ; et s'il s'y refuse, il appellera son Caporal, qui, après l'avoir reconnu, dira au Sentinelle de ne pas le laisser sortir avant qu'il en ait rendu compte à son Officier de garde et à l'Aide-Major.

Il priera de faire silence, empêchera de siffler, faire du bruit parler haut : si on ne lui obéit pas, il remarquera ceux qui l'auront fait, leur dira de le suivre, et il appellera son Caporal pour les lui remettre, qui en rendra compte à l'Aide-Major de la Place de service à la Comédie.

Si le Sergent de Ville lui demandoit main-forte, il fera ce qui lui aura été requis, pourvu que ce ne soit pas des Militaires.

Sentinelle au Parquet.

Il ne laissera venir personne par la maison de la dame Goury sinon qu'elle et sa Fille. Il fera rétrograder tout autre qui s'y présenterait.

Il priera avec honnêteté tous ceux qui voudroient s'asseoir sur le Banc adossé au Parterre, de ne pas s'y placer, ce Banc étant réservé pour Mrs les Officiers supérieurs de la Garnison, le Lieutenant de Roi et le Major de la Citadelle, le Commissaire de Guerre et les Officiers supérieurs attachés à la Place ; le Commissaire nommé par le Magistrat pouvant se placer à l'un des bouts : les autres Bancs en avant seront pour ceux ou celles qui se présenteront.

Sentinelle sur le Théâtre.

Il aura soin que personne ne soit dans les Coulisses ni sur le Théâtre, sinon que les Acteurs et Actrices, Garçons de Théâtre et toutes les Personnes qui sont utiles aux Comédiens ; que qui que ce soit ne traverse le Théâtre la Toile étant levée. Il fera faire silence à tout le monde ; et s'il s'élevoit quelque difficulté parmi les Comédiens ou Comédiennes, il les priera de finir, et s'ils ne le vouloient pas, il appellera son Caporal, qui après avoir entendu le sujet et vu les Personnes, en rendra compte sur le champ à l'Officier-Major de Place, qui y mettra l'ordre nécessaire, ou les fera arrêter pour être punis par qui il appartiendra.

Il ne laissera venir de la maison de la Dame Goury, que les Personnes attachées au Spectacle, ou l'Aide-Major de service, les Officiers, le Commandant de la Place et le Major.

Il fera faire silence au Foyer, et empêchera qu'il ne soit jamais établi de Chaises ni Banquettes sur le Théâtre, que par la permission du Commandant de la Place ; et aucun Militaire n'ira au Théâtre ni au Foyer pendant le Spectacle.

Fait à Cambrai, le 14 Mars 1783.

DESGAUDIÈRES.

RÉGLEMENT

Concernant la Police qui doit être observée en la Salle de Comédie de Cambrai, conformément aux ordres du Roi.

Nous, Lieutenant pour le Roi, commandant à Cambrai, ordonnons que chaque jour de Comédie, il y aura un Officier-Major de la place, avec un Officier de chaque Régiment de la garnison, préposés pour y maintenir l'ordre qui doit y régner.

Chacun de ces Messieurs se rendra en la Salle des Spectacles, une demi-heure avant que la Comédie ne commence. En y arrivant, chacun d'eux vérifiera si le Commandant de la Garde a ponctuellement suivi sa Consigne, et s'il l'a bien donnée aux Sentinelles.

Mrs les Officiers commandés pour ce service auront la hausse-col, et seront chargés de prier ceux des Officiers de leur Corps qui feroient quelque bruit, de faire silence. Ils observeront si chacun a le chapeau bas, au moment que la Toile sera levée ; empêcheront qu'on ne siffle, qu'on fasse du bruit, ou qu'on parle trop haut : et si quelques-uns s'y refusoient, celui des Officiers de service que la chose regardera, sera tenu d'en avertir sur le champ l'Officier-Major de Place, et de lui dire le nom de ces Messieurs ; lequel Officier-Major nous en rendra compte sitôt le spectacle fini, ou sur le champ, si le cas le méritoit.

Mrs les Officiers de service et l'Officier-Major, surveilleront aussi à ce que toutes les personnes qui seront au Spectacle, y soient décemment chapeau bas, aussitôt que la Toile sera levée; ils empêcheront de siffler, crier, faire du bruit, ou de parler haut; ils se serviront du Caporal et des Grenadiers de garde pour y parvenir. Si quelques personnes s'y refusoient après les avoir prié poliment de cesser, ils les feront arrêter, les conduiront à l'Officier-Major, qui les remettra au Commissaire du Spectacle nommé par Mrs du Magistrat, afin qu'elles soient punies selon l'exigence des cas. Les officiers de Police et l'Aide-Major donneront main-forte au Commissaire Municipal du Spectacle, et aux deux Sergens de Ville, à leur première réquisition; et on donnera au Commandant de la Place les noms et demeures des Personnes qui auront été arrêtées.

Les deux Sergens de Ville qui seront au Spectacle, auront Chapeau bas, et ne pourront élever la voix pour dire *silence* à tout ce qui sera bourgeois; mais ils pourront aller dans tous les endroits dire *bas*, réprimer telle ou telle chose, qu'ils appercevront être contraire au bon ordre; même arrêter et saisir ceux qui l'auront mérité.

L'Officier-Major fera commencer la Comédie à l'heure qui aura été arrêtée. Il aura la plus grande exactitude sur cet objet, comme à tout ce qui est ordonné par les Consignes pour le Caporal et les différentes Sentinelles.

La Garde pour la Comédie y sera rendue à quatre heures précises. La porte du Spectacle ne sera jamais ouverte que la Garde ne soit arrivée. Le Caporal placera aussitôt les Sentinelles, et verra dans la salle s'il n'y est entré personne avant son arrivée; s'il apperçoit quelqu'un, il ira avec grande honnêteté le prier de vouloir bien en sortir : si c'étoit des Messieurs ou des Dames, il réitérera ses instances ; et s'ils s'y refusoient, il demandera leurs noms, les remettra à l'Officier-Major de la Place aussitôt son arrivée, et lui rendra compte de leur refus : si ce sont des Bourgeois ou Bourgeoises, à la troisième instance il les fera sortir par ses Grenadiers, sans les frapper ; et s'ils ne vouloient point obéir, ils les arrêtera, et en rendra pareillement compte à l'Officier-Major de Place. Cet objet rempli, le Caporal ira dire à la Personne préposée pour la distribution des Billets d'entrée, qu'elle peut les délivrer.

Personne ne pourra entrer à la Comédie, que par la porte rue de Scachebeuvons. Ceux ou celles qui viendroient par la maison de la Dame Goury, seront obligés de rétrograder, et la Sentinelle les empêchera d'entrer dans la Salle, excepté ladite Dame Goury et ses Enfans.

Le Directeur ou la Dame Goury, à qui des deux il appartiendra, donnera ses ordres pour que ladite Salle et les Loges soient balayées et vergettées, afin que tout soit propre. Ce sera l'un des deux qui sera responsable de l'inexactitude de celui qui sera commandé pour le faire.

Aucune Personne ne pourra retenir de Loge, qu'autant qu'elle l'aura payée pour huit Personnes au Directeur, qui lui donnera un Billet pour la Loge qui sera dénommée ainsi que le jour. Mais le Directeur sera tenu de mettre un écriteau sur la porte, portant ces mots : *Loge retenue pour le.... de ce mois*. Nous défendons à qui que ce soit d'y entrer, sans l'agrément des personnes à qui elle appartiendroit, à péril d'en sortir par la force, quand même cette Loge seroit vuide durant le Spectacle, et qu'il n'y viendroit Personne de celles qu'il l'auroient retenue.

Toutes les autres Loges (excepté celle du Roi, qui est au Commandant pour le Roi en cette Place, et celle de la Reine pour M. l'Intendant de cette Province lorsqu'il est en ville), seront pour les personnes qui viendront les premières s'y placer.

Il est défendu d'enjamber d'une Loge à une autre, à péril d'être puni et d'en sortir par la force.

Aucuns Militaires et autres Personnes n'iront sur le Théâtre ni au Foyer pendant le Spectacle; ils ne pourront traverser le Théâtre lorsque la Toile sera levée, ni être dans les Coulisses, excepté les Acteurs, Actrices, ou autres Personnes utiles à leur service et aux Décorations.

Il ne sera jamais établi de Chaises ni Banquettes sur le Théâtre, qu'avec la permission de M. le Commandant.

Le Banc du Parquet adossé au Parterre sera réservé pour Mrs les Officiers supérieurs de la Garnison, celui du Génie, de l'Artillerie, le Commissaire de Guerre et l'Officier attaché à la Place ; le Commissaire au Spectacle nommé par le Magistrat, pouvant s'y placer à l'un des bouts. Il y sera placé un écriteau en gros caractères, qui indiquera au surplus pour qui ce Banc est destiné. Défendons à toutes personnes de s'en emparer.

Mrs les Officiers se placeront aux Balcons, aux Bancs qui restent vacans au Parquet, et à l'Amphithéâtre. Après le premier Acte, on ouvrira toutes les Loges, et alors Mrs les Officiers pourront aussi s'y placer.

L'Aide Major de la Place et les Officiers de service, se placeront à l'Amphithéâtre, sur le premier Banc contre le Parterre; et il sera mis aussi un écriteau à cet endroit, pour que cette place soit toujours vacante.

Fait à Cambrai, le 21 juillet 1785.

DESGAUDIÈRES.

Répertoire de la troupe de Casimir et Delatour.
1777.

Amant (l') *auteur et valet*, comédie en 1 acte, en prose par M. Cérou (Comédie Italienne 1740).

Amant (l') *bourru*, comédie en 3 actes, de Monvel (Comédie Française).

Amants (les) *généreux*, comédie en 5 actes, de Rochon.

Ami (l') *de la maison*, comédie en 3 actes, en vers, mêlée d'ariettes, de Marmontel, musique de Grétri (Comédie Italienne 1772).

Amitié (l') *à l'épreuve*, comédie en 2 actes mêlée d'ariettes, par Favart, musique de Grétri (Comédie Italienne 1771).

Amoureux (l') *de quinze ans ou la double fête*, comédie en 3 actes mêlée d'ariettes, par Laujon, musique de Martini (Comédie Italienne 1771).

Arlequin maître et valet.

Barbier (le) *de Séville*, comédie en 4 actes de Beaumarchais.

Belle (la) *Arsène*, opéra comique en 3 actes, de Favart, musique de Monsigny (représentée à Fontainebleau 1773).

Béverlay, pièce en 5 actes en vers, par Saurin (Comédie Française 1763).

Bonne (la) *fille*, comédie mêlée d'ariettes en 3 actes, de Goldoni, musique de Duni (Comédie Italienne 1761).

Bourru (le) *bienfaisant*, comédie en 3 actes, de Goldoni (Comédie Française 1771).

Clochette (la), comédie mêlée d'ariettes en 1 acte, de Anseaume, musique de Duni (Comédie Italienne 1766).

Colonie (la), comédie en 3 actes, par de Saint-Foix (Comédie Française 1749).

Coquette (la) *corrigée*, comédie en 5 actes en vers, de De la Noue (Comédie Française 1756).

Crispin médecin, comédie en 3 actes en vers, de Hauteroche (Comédie Française 1763).

Déserteur (le), comédie en 3 actes mêlée d'ariettes, par Sedaine, musique de Monsigny (Comédie Italienne 1769).

Dupuis et de Fronais, comédie en 3 actes en vers, de Collé (Comédie Française 1763).

Deux (les) *Amis ou le Vieux coquet*, comédie en 3 actes, de Bert (Comédie Italienne (1).

---

(1) Ou : *Les deux Amis*, tragi-comédie, de Chevreau, représenté à la Comédie Française en 1638 ;

— *Les deux Amis*, drame en 5 actes, de Beaumarchais, joué également sur le théâtre de la Comédie Française en 1770.

Deux (les) *Avares*, comédie en 2 actes mêlée d'ariettes de Fenouillet, musique de Grétri (Comédie Italienne 1770).

Ecole (l') *des Femmes*, comédie en 5 actes en vers, de Molière (Comédie Française 1666).

Enfant (l') *prodigue*, comédie en 5 actes en vers, de Voltaire (Comédie Française 1736).

Eugénie, comédie en 5 actes, de Beaumarchais (Comédie Française 1767).

Fausse (la) *Magie*, opéra comique en 2 actes, de Marmontel, musique de Grétri.

Fausses (les) *Infidélités*, comédie en 1 acte en vers, de Barthe (Comédie Française 1768).

Fleur d'Epine.

Fourberies (les) *de Scapin*, comédie en 3 actes, de Molière (Comédie Française 1771).

Julie, comédie en 3 actes mêlée d'ariettes, de Montvel, musique de Desardes (Comédie Italienne) (1).

Légataire (le), comédie de Regnard, 1708.

Maréchal (le), opéra en 2 actes, de Quetant (Opéra Comique).

Mercure (le) *galant*, comédie en 4 actes, ou *Comédie sans titre*, en 5 actes en vers, de Boursault (Comédie Française 1679).

(1) *Julie ou le bon père*, comédie en 3 actes, de Denon, 1769.

— *Julie ou le triomphe de l'amitié*, comédie en 3 actes, par Marin, 1762.

— *Julie ou l'heureuse épouse*, comédie en 1 acte par Saint Foix, 1746 ; toutes trois de la Comédie Française.

Nanine, comédie en 3 actes en vers, de Voltaire (Comédie Française 1749).

Oracle (l'), comédie en 1 acte, de Saint-Foix (Comédie Française 1740).

Paysannes (les) *curieuses*, opéra comique en 1 acte, paroles et musique de Framery.

Sancho Pança dans son isle, par Poinsinet, musique de Philidor (Comédie Italienne 1762) (1).

Silvain, comédie mêlée d'ariettes, par Marmontel, musique de Grétri (Comédie Italienne 1770).

Soldat (le) *magicien*, par Auseaume, sur le plan de M***, musique de Philidor (Opéra Comique 1760).

Sorcier (le), comédie mêlée d'ariettes de Poinsinet, musique de Philidor (Comédie Italienne 1764).

Surprise (la) *de l'Amour*, comédie en trois actes de Marivaux (Comédie Française 1727).

Tableau (le) *parlant*, comédie-parade en 1 acte mêlée d'ariettes, de Anseaume, musique de Grétri (Comédie Italienne 1769).

Toinon et Toinette, comédie en 2 actes mêlée d'ariettes, de Desboulmiers, musique de Gossec (Comédie Italienne 1767).

Tonnelier (le), mêlé d'ariettes, par Odinot (Opéra Comique 1766).

Trois (les) *Fermiers*, opéra comique en 2 actes, de Monvel.

---

(1) *Sancho Pança*, comédie en 5 actes en vers, de Bouscal, retouchée par Dancourt (Comédie Française 1712).

Trois (les) *Sultanes*, opéra comique en 3 actes, de Bianchi, musique de Blazius.

Zémire et Azor, comédie-ballet en 4 actes en vers, mêlée de chants et de danses, de Marmontel, musique de Grétri (Comédie Italienne 1771).

Zaïre, tragédie de Voltaire (Comédie Française 1732).

Répertoire de la troupe Bernardy.
1780.

Amant (l') *jaloux*.

Barbier (le).

Belle (la) *Arsène*.

Cadi (le) *dupé*, opéra comique, de Le Monnier, musique de Monsigny (Opéra Comique 1764).

Consentement (le) *forcé*, comédie en 1 acte de Guyot de Merville (Comédie Française 1738).

Deux Jeannots.

Jugement (le) *de Midas*, opéra comique en 3 actes de d'Hell, musique de Grétri.

Magasin (le) *des Modernes*, par Panard (Opéra Comique 1736).

Le Maréchal.

Rosière (la) de Pezai, musique de Grétri.

Tableau (le) *parlant*.

Trois (les) *Sultanes*.

Veuves (les) *Turques*, comédie en 1 acte de Saint-Foix (Comédie Italienne 1747).

Zémire et Azor.

Zénéide, comédie en 1 acte en vers libres, de Cahuzac et Wattelet (Comédie Française 1743).

RÉPERTOIRE DU MOIS DE DÉCEMBRE 1792.

Tragédies : *Brutus*, 5 actes. — *Guillaume Tell*, 5 actes. — *Tancrède*, 5 actes.

Drames : *Charles et Caroline*, 5 actes. — *L'Indigent*, 5 actes.

Comédies : *Les Arts et l'Amitié*, 1 acte. — *Le Bourru bienfaisant*, 3 actes. — *Céphise*, 1 acte. — *Les Châteaux en Espagne*, 5 actes. — *Clémentine et Desormes*, 5 actes. — *Le Convalescent de qualité*, ... — *Le Dépit amoureux*, 3 actes. — *Le Fou raisonnable*. 1 acte. — *Guerre ouverte*, 3 actes. — *La Métromanie*, 5 actes. — *Nanine*, 3 actes. — *Le Paysan généreux et le ci-devant Seigneur*. — *Le Père Gérard*, — *Les Portefeuilles*. — *Les Savoyards*. — *Le Tambour nocturne*, 2 actes. — *Tartuffe*, 5 actes.

Opéras et vaudevilles : *Annette et Lubin*, v. 1 acte. — *Blaise et Babet*, o.-c. 2 actes. — *Les Chasseurs et la Laitière*, o.-c. 1 acte. — *L'Epreuve villageoise*, o.-c. 2 actes. — *L'Impromptu de Campagne*, o.-c. 1 acte. *Rose et Colas*, o.-c, 1 acte. — *Silvain*, o.-c. 1 acte. — *Le Sourd*, v. 1 acte. — *Le Tableau parlant*, o.-c. 1 acte.

RÉPERTOIRE DE JANVIER-MAI 1793.

Tragédies : *Brutus*, 5 actes. — *Caïus Gracchus*, 5 actes. — *Charles IX*, 5 actes. — *Fénelon ou les Religieuses de Cambrai*, 5 actes. — *Guillaume Tell*, 5 actes. — *Philoctète*, 5 actes. — *Spartacus*, 5 actes. — *La veuve du Malabar*, 5 actes.

Drames : *Charles et Caroline*, 5 actes. — *Le Déserteur*, 5 actes. — *Le Duc de Montmouth*, 3 actes. — *Jean-Jacques Rousseau*, 1 acte. — *Mélanie*, ... — *Paul et Virginie*, 5 actes. — *La Piété filiale*. — *Les Rigueurs du Cloître*. — *Tom Jones et Cellamar*, 5 actes.

Comédies : *Les Amours de Montmartre*, 1 acte. — *L'Apothéose de Beaurepaire*, 1 acte. — *Les Arts et l'Amitié*, 1 acte. — *L'Amant capucin*. — *Le Barbier de Séville*, 4 actes. — *Beverley*, 5 actes. — *Cadet-Roussel*, 1 acte. — *Clémentine et Desormes*, 5 actes. *Le Convalescent de qualité*,..... — *Crispin rival de son maître*, 1 acte. — *L'Enrôlement supposé*. — *L'Epreuve nouvelle*. — *L'Epreuve réciproque*. — *L'Esprit de contradiction*, 1 acte. — *Le Fat dupé*. — *Les Fausses Consultations* 2 actes. — *Les Fausses Infidélités*, 1 acte. — *Le Faux Talisman*, 1 acte. — *La Femme jalouse*, 3 actes. — *Le Fou raisonnable*, 1 acte. — *Le Départ des Volontaires*. — *Le Dépit amoureux*, 5 actes. — *Les deux Martines* 1 acte.— *Le Dragon et les Bénédictines*, 1 acte. — *L'Etourdi*, 3 actes.— *La Gageure imprévue*, 1 acte. — *L'Habitant de la Guadeloupe*, 3 actes. — *Heureusement*, 1 atce. — *L'Homme mécontent de tout*. — *L'Intendant*,

comédien malgré lui, 1 acte. — *L'Intrigue épistolaire.*
— *Jeannot*, 1 acte. — *Le Jeu de l'Amour*, 2 actes. —
Les Jeux d'Amour. — *Le Légataire*, ... — *La
Ligue des rivaux et des fanatiques.* — *Le Marchand
provençal*, 2 actes. — *Le Mari retrouvé*, 1 acte. — *Le
Médecin malgré lui*, 3 actes. — *Nanine*, 3 actes. —
Le Père Gérard, ... — *Les Précieuses ridicules*,
1 acte. — *La Résolution inutile*, 1 acte. — *Ruse
contre ruse*, 2 actes. — *Le Tambour nocturne*, 2 actes.
— *Tartuffe*, 5 actes.

Opéras et Vaudevilles : *Annette et Lubin*, v. 1 acte.
— *Blaise et Babet*, o.-c. 1 acte. — *Les Folies amoureuses*, 3 actes. — *La Négresse*, v. 1 acte. — *Nicodème dans la Lune*, v. 3 actes. — *La Nuit champêtre*, v. 2 actes. — *Le père Duchesne.* — *Les Savoyards.* — *Le Sourd*, v. 1 acte. — *La Soirée orageuse*, o.-c. 1 acte. — *La Rosière*, o.-c. 1 acte.

POSE DE LA PREMIÈRE PIERRE

DE LA SALLE DE SPECTACLE

Le 21 Avril 1829.

DISCOURS PRONONCÉ PAR M. LE MAIRE.

Messieurs,

La pose de la première pierre de la Salle de Spectacle nous annonce enfin l'érection d'un monument désiré depuis tant d'années, et dont, par une sorte de fatalité, tous les plans avaient été rejetés, tous les projets avaient avorté.

Bien avant la révolution, les Etats du Cambresis avaient fait commencer sur la Place au Bois les fondations d'une salle de spectacle; l'exécution en fut abandonnée par des motifs qui ne sont pas parvenus jusqu'à nous (1).

Pendant la tourmente révolutionnaire, dans ces temps de troubles et d'anarchie, loin de penser à édifier, l'on ne s'occupa qu'à détruire, et la Ville vit tomber ses plus beaux monumens.

Lorsque le calme et l'ordre furent rétablis, l'Administration municipale ne perdit pas de vue le projet conçu par les Etats ; mais il fallut plusieurs années pour économiser les fonds nécessaires à une telle entreprise.

En 1810, l'architecte Devarlet, de Lille présenta le premier plan; puis parurent successivement, et à de longs intervalles, ceux des architectes Mary de Cambrai, Thierry, Dédeban de Paris. Ces quatre projets, après avoir subi des modifications, en passant par la filière administrative, ne purent être définitivement adoptés : les uns furent écartés par l'Autorité supérieure, qui ne trouvait pas leurs dimensions assez grandes, assez monumentales; les autres par le Conseil municipal, qui voulait une salle proportionnée à l'étendue, à la population et aux ressources de la Ville. On prétendait alors appliquer aux villes de province le système d'un grandiose fastueux qui, dans la suite, fut reconnu exagéré, même pour les monumens de la Capitale.

---

(1) Le Maire fait allusion à l'entreprise de Jacquet en 1769.

Tel fut pour nous le triste effet de la centralisation. Ainsi Cambrai, la plus ancienne des villes du Nord, fut seule privée d'un théâtre.

En effet, peut-on donner ce nom aux locaux qui, jusqu'à ce jour, ont servi à cette destination ?

Vers 1723, lors du congrès de Cambrai, on jouait la comédie dans une salle dépendante de l'Hôtel-de-Ville. Œdipe y fut représenté par les soins de Voltaire (1) lui-même, devant l'assemblée des plénipotentiaires de l'Europe. La tradition nous laisse encore le souvenir de ce bâtiment informe et mesquin, situé au lieu dit le *Pré d'Espagne;* on y donnait des représentations dignes de cette ignoble enceinte (2). De nos jours, une maison particulière, rue de Scachebeuvons, fut transformée, par le propriétaire, en prétendue salle de comédie ; déjà elle menaçait ruine, lorsqu'elle fut aliénée et remplacée par une construction en planches, formée provisoirement sur la Place au Bois, et où jouèrent, en 1817, des acteurs anglais. Enfin, un entrepreneur hardi, aidé de souscriptions volontaires, parvint à élever la salle qui existe aujourd'hui ; les nombreux inconvéniens de cet édifice insalubre

---

(1) Dans l'édition, imprimée en in-4°, qui fut faite de ce discours, on trouve ici, en note, le placet rimé adressé par Voltaire « au gouverneur, » dit le maire, d'après M. le Glay, (*Mémoires de la Société d'Emulation de Cambrai*, 1820, page 63), et la réplique, également en vers, faite à la demande de Voltaire.

Nous avons donné les deux à leur date.

(2) Le Maire parle bien légèrement de ce qu'il ignore : les pauvres comédiens qui ont exploité ce théâtre, peu convenablement situé, il est vrai, étaient les mêmes qui jouaient dans les autres villes du ressort de l'intendance du Hainaut et du Cambresis et dont le répertoire était approuvé par le gouverneur de la province.

bâti à la hâte, sans goût, sans solidité, démontraient la nécessité d'un théâtre qui répondît, par son architecture, aux progrès des arts et de la civilisation.

Cependant l'Administration municipale hésitait à renouveler des démarches qui n'avaient eu précédemment d'autre résultat qu'une dépense en pure perte de plus de 21,500 fr., pour prix de plans et de devis, lorsqu'un concours heureux de circonstances lui rendit l'espoir du succès.

De nouveaux fonds étaient réunis dans la caisse de la ville, en remplacement de ceux qui avaient été destinés à la construction d'une salle de spectacle, et qu'avaient absorbés deux évènemens extraordinaires, à une époque qui pour nous est déjà du domaine de l'histoire.

M. De Baralle, notre compatriote, élève de l'Ecole royale d'Architecture de Paris, vint nous offrir le tribut de ses connaissances, le fruit de ses études, et nous prouver son zèle et son désintéressement, par l'hommage d'un plan de salle de spectacle : soumis au Conseil municipal, ce projet réunit tous les suffrages, et sortit victorieux de l'examen des Autorités supérieures et du Conseil des bâtimens civils.

Quelques réclamations sur la disposition de la principale entrée et sur l'emplacement de la salle s'étaient fait entendre, et auraient pu retarder les premiers travaux ; mais le département du Nord a le bonheur d'être administré par un Préfet dont les qualités personnelles rehaussent l'éclat du nom de Villeneuve, déjà célèbre dans la haute administration du Royaume. Protecteur éclairé des beaux-arts, il sut concilier toutes les opinions, applanir tous les obstacles. Sa présence à cette cérémonie attesterait aujourd'hui le vif intérêt que lui inspire le monument que nous allons élever, si des raisons de santé ne l'eussent empêché de se rendre à nos vœux et à son propre désir.

Le sol que nous foulons en ce moment, composé de remblais à une très-grande profondeur, présentait de sérieuses difficultés pour asseoir les fondations ; l'art a triomphé de ces difficultés.

Tout nous fait donc espérer, Messieurs, que la pose de cette première pierre sera suivie sans aucune autre entrave, de l'entière exécution du plan.

Le théâtre que réclamait le rang de notre ville, sa nombreuse garnison et le goût de ses habitants pour les représentations scéniques, ne sera pas le seul monument public dont l'année 1830 verra embellir notre cité.

De nouveaux bâtimens auront agrandi l'asile ouvert aux enfans abandonnés, aux vieillards indigens (1), et la bibliothèque communale, entièrement restaurée, sera digne du précieux dépôt qui lui est confié.

Ces édifices publics dont l'utilité spéciale est si évidente, contribueront à l'embellissement de la Ville, profiteront aux arts libéraux et industriels et en favoriseront l'essor ; ils donneront du mouvement à plusieurs branches de commerce et procureront, pendant long-temps, un travail assuré à la classe ouvrière dont la situation est si pénible dans les circonstances actuelles.

(1) L'Hôpital général.

Pouvions-nous d'ailleurs, Messieurs, choisir une époque plus favorable pour l'érection de nos monumens que celle où nous jouissons de la paix la plus profonde, à l'abri du trône légitime, et sous l'égide de la Charte qui en est émanée ? Où trouver une ère plus glorieuse pour les sciences, les arts et l'industrie que celle du règne de Charles X, leur auguste protecteur ?

Témoins de sa constante sollicitude pour tout ce qui peut contribuer au bonheur et à la prospérité de la France, les grands corps de l'Etat viennent, à l'occasion du 15me anniversaire du 12 avril, de déposer leur hommage aux pieds de notre Roi bien aimé. Que leurs accents de reconnaissance, de respect et de dévoûment se prolongent et retentissent encore aujourd'hui. Répétons, Messieurs, dans l'effusion de nos cœurs, le cri d'amour et de fidélité :

Vive le Roi !

PROCÈS-VERBAL

Aujourd'hui ving-un Avril, mil huit cent vingt-neuf, cinquième année du règne de CHARLES X, nous Henri Béthune-Houriez, Chevalier de l'Ordre royal de la Légion d'Honneur, Maire de la Ville de Cambrai, assisté de M. Remi Vallez, l'un de MM. les Adjoints, de MM. Le Page et Lallier, conseillers municipaux, Commissaires délégués, et de M. André De Baralle, Architecte de la Ville, auteur du plan ; accompagné de MM. les Membres du Conseil municipal, nous nous sommes transporté sur l'emplacement où nous avons trouvé réunies, d'après notre invitation, les Autorités civiles et militaires ; et après avoir prononcé un discours qui a été suivi des cris de vive le Roi! nous avons déposé dans une boîte en chêne, revêtue de plomb, la médaille frappée à l'occasion de la présente cérémonie, et différentes pièces de monnaie d'or et d'argent au millésime de 1829;

SAVOIR :

1 pièce de 40 fr.
1 — de 20
1 — de 5
1 — de 2
1 — de 1
1 — de 0,50 c.
1 — de 0,25
1 — de 0,10
1 — de 0, 5

Et de plus, 1 jeton de présence au Conseil municipal, une médaille frappée pour le passage de S. M. Charles X, à Cambrai en 1827, ainsi qu'une copie sur parchemin du procès-verbal et des plans réduits du monument. Nous avons enfermé cette boîte dans une niche en maçonnerie, pratiquée sous la fondation du perron de la salle, et avons fermé ladite niche par une table en marbre sur laquelle est gravée en lettres d'or l'inscription suivante :

Le 21 Avril 1829,

Cinquième année du règne de CHARLES X,
MM. le vicomte Alban de Villeneuve,
Conseiller d'Etat, étant Préfet du Nord,
C. de Garsignies, Sous-Préfet,
Le Page et Lallier, Conseillers municipaux

A CE DÉLÉGUÉS,
DE BARALLE, ARCHITECTE,
LA PREMIÈRE PIERRE
DE LA SALLE DE SPECTACLE
DE CAMBRAI
A ÉTÉ POSÉE
PAR M. BÉTHUNE-HOURIEZ,
MAIRE.

Ayant ensuite revêtu le parement extérieur de ladite table d'une feuille de plomb, nous avons recouvert le tout par des libages en pierre, scellés, cimentés et agraffés.

Desquelles opérations, nous Maire susdit avons fait et rédigé le présent procès-verbal à Cambrai, les jour, mois et an que dessus

(Suivent les signatures).

LISTE DES DIRECTEURS DE SPECTACLES

qui ont successivement ou simultanément exploité le Théâtre de Cambrai, depuis 1800 (1).

1801 (9 fructidor an IX). — Chapuis, régisseur de la « troupe des jeunes artistes. »

---

(1) Le 26 thermidor an IV (13 août 1796), Antoine Julien, directeur de spectacle, demandait l'autorisation d'amener sa troupe à Cambrai.

Le 3 nivose an VII (23 décembre 1798), des amateurs, sous la direction d'un sieur Labbé, avaient représenté des « pièces patriotiques » au profit des pauvres.

1802 (an x). — Rousseau (opéra). Trois représentations par mois.

1803 (an xi). —

1804 (an xii). — Lanier-Rainal.

— (An xiii). — Veuve Ugue de Clainville.

1805 (an xiii). — Lanier-Rainal, joue les quatre jours de la fête communale, 15-18 août.

— Fradin (opéra comique). — Quinze représentations.

1806-1808. — Lanier-Rainal.

1807. — Duverger (avec la troupe de Lille).

— Pendant l'hiver de 1807-1808, le théâtre reste vacant.

1808-1812. — Saint-Romain (opéra, etc.)

1808. — Duprez-Nyon.

1809. — Martin (régisseur).

— Housset « Troupe des jeunes élèves. »

1813-1814. — Ribié.

1813-1816. — Sévin, puis Dervalle son régisseur.

1817. — Polly.

— Dupré-Nyon (tragédie, répertoire classique).

1818. — Jolly (comédie, drame, etc.)

1819. — Jeannin pour Jolly.

1820-1825. — Dupré-Nyon (opéra, comédie, etc.). Dupré est destitué en 1826 « pour avoir joué un rôle sous la Terreur ! » — (Voir la brochure justificative publiée par ce directeur à cette occasion, et que nous avons citée plus haut, page 100).

1826-1829. — Dellemance (opéra, comédie, etc.)

1826. — Sollé (comédie, drame, etc.).

1828. — Harel (tragédie, comédie) de passage.

1829-1835. — Delorme (opéra, comédie, etc.).

1829-1834. — Pétrin dit Tony, (comédie).

1832. — Melan, en excursion. Quelques représentations.

1832. — Casorti, (pantomimes et ballets).

— Bousigne (comédie, etc.), quelques représentations.

1834-1836. — Clément, 2e troupe, (comédie, drame, etc.)

1834-1837. — Talier (comédie).

1835-1836. — Dehouck, 2e troupe (comédie, drame).

1835-1848. — Berteché père (1) (opéra, comédie, etc.)

1835. — Castelli, gymnase enfantin (comédies, vaudevilles, ballets, etc.).

1836-1837. — Constant Billon, 2e troupe (comédie, drame, etc.).

1837-1842. — Madame Halanzier dit Dufresnoy et son fils, 2e troupe (comédie, drame, etc.).

1838-1840. — Atrux, 3e troupe (comédie, drame, etc.)

1839. — Madame Saqui, « Gymnase enfantin » (comédies, vaudevilles, etc.).

---

(1) G. B. Berteché etait un homme d'esprit et un lettré; on a de lui un poème en quatre chants : *Le quart de siècle*, célébrant l'avènement de la royauté libérale de 1830, qui n'est pas sans mérite.

1843-1845. — Colson, 3e troupe (comédie, drame, répertoire classique).

1845-1853. — Clément, 2e troupe, (comédie, drame, etc.).

1848-1854. — Berteché fils, (opéra, comédie, etc.).

1848-1849. — Réju Debacker, 3e troupe (comédie, drame, etc.).

1848. — Montelli, (opéra italien).

1850. — Devost (de Douai), quelques représentations.

1852-1853. — Paillon Charles dit Bias, 3e troupe (comédie, drame, etc.).

1852. — Montelli (opéra italien).

1853-1858. — René père, 2e troupe (comédie, drame, etc.).

1854. — Vital Lefebvre (opéra, comédie, etc.), une saison.

1854-1859. — Tonnel Dubuisson (opéra, comédie, etc.)

1857. — Les Zouaves d'Inkermann, 3 représentations.

1858-1868. — René Charles, fils (comédie, drame, etc., et opéra lors de la liberté des théâtres).

1859-1862. — Filhol (opéra, comédie, etc.).

1862-1864. — Jogand (opéra, comédie, etc.).

1862-1864. — Corail, 2e troupe (comédie, drame, etc.)

1862. — Marcel, 2e troupe (comédie, drame, etc.).

1863. — Dupontavisse, « directeur du Théâtre impérial du Camp de Châlons, subventionné par S. M. l'Empereur, » 3e troupe (comédie, drame, opérette, etc.).

1864. — 1er juillet. — Liberté des théâtres.

1864. — Edmond Gorneau (comédie, drame, etc.).

— Pilo, (grand opéra).

1865. — Renard, (opéra et tous les genres).

1866. — Madame Montrésor (comédie, vaudeville).

— Lagarde (opéra).

— Dupuis (comédie, drame, etc.).

1867. — Edmond Thiboust (opérette).

1867-1869. — Moreau, (opéra et tous les genres).

1869. — Steiner-Meyran (opéra et tous les genres).

1869-1870. — Leveaux, (opéra et tous les genres).

1871. — Moncel et Cie, (opéra et tous les genres).

— Meiran, (opéra et tous les genres).

— Gugliel, (id. id.)

1872-1874. — Josset, (opéra et tous les genres).

1874-1875. — Quet Henri, dit Colin (opérette, comédie, drame, etc.).

1875-1876. — Née Justin (opéra, tous les genres).

1876. — Potel Félix, (id.).

1877. — Armand Constant, (id.).

— Valère Raspaud, (id.).

1877. — Saint-Omer, (comédie, vaudeville), revient donner une représentation en 1878.

1877-1878. — Pezzani, (opéra et tous les genres).

1878. — Daiglemont, (comédie, drame, etc.).

1878-1883. — Vasselet Emile-Auguste, (opéra et tous les genres).

RÉGLEMENT

SUR LE SERVICE ET LA POLICE DU THÉATRE

Nous, Maire de la Ville de Cambrai,

Vu les lois des 16-24 Août 1790, 19-22 Juillet 1791, 18 Juillet 1837 et 5 Mai 1855;

Vu le décret du 6 Janvier 1864 qui supprime les privilèges de l'industrie théâtrale ;

Considérant que les réglements de nos prédécesseurs sur la police du théâtre sont devenus susceptibles de quelques additions et modifications utiles :

ARRÈTONS CE QUI SUIT :

Police extérieure.

1. — La circulation devra être laissée libre aux abords du théâtre.

2. — Il est défendu de s'arrêter dans le vestibule et sous le péristyle, de gêner le passage et la liberté des issues, et de stationner aux abords de l'établissement.

3. — Il ne peut y avoir pour le service public, à l'entrée du théâtre, que des commissionnaires permissionnés par nous, et porteurs de leurs insignes réglementaires.

4. — Les jours où il y aura affluence au bureau de distribution des billets d'entrée, les personnes qui s'y présenteront devront se placer deux à deux, et former une file d'attente.

5. — Les personnes munies de billets à l'avance, entreront par la porte centrale de l'entrée principale.

Circulation des Voitures.

6. — Les voitures ne peuvent arriver au théâtre que par la place Fénelon, en suivant la chaussée dans la direction du péristyle, et retourner que par la même voie et celle qui longe le square pour gagner la petite rue Vanderburch.

Les rues latérales au théâtre sont réservées aux piétons. Les voitures n'approcheront jamais à plus de trois mètres du péristyle. Lorsqu'il y en aura plusieurs en stationnement, elles se placeront en file dans l'ordre de leur arrivée.

7. — Il est expressément interdit aux cochers de quitter leurs sièges et d'abandonner les rênes de leurs chevaux. A défaut de domestiques, les commissionnaires permissionnés par nous ouvriront et fermeront les portières.

8. — A la sortie du spectacle, les voitures ne pourront se mettre en mouvement que lorsque la première foule se sera écoulée.

Aucune voiture ne pourra aller qu'au pas et sur une seule file, jusqu'à ce qu'elle soit sortie des rues avoisinant le théâtre.

Police intérieure.

Entrée :

9. — La salle devra être livrée au public et la représentation commencera aux heures indiquées sur l'affiche.

10. — Le bureau de distribution des billets devra

être ouvert au moins une demi-heure avant le lever du rideau.

11. — Il est défendu d'introduire des spectateurs dans la salle avant l'ouverture des bureaux.

Aucun spectateur n'entrera que par les portes ouvertes au public.

12. — Il est défendu de s'arrêter sous le péristyle et dans le vestibule servant d'entrée au théâtre.

Dépôt des armes, cannes et parapluies.

13. — Il est défendu d'entrer dans la salle avec des armes, cannes, bâtons ou parapluies. Ces objets devront être déposés au bureau établi près du vestibule pour les recevoir (1).

Police de la Salle.

14. — Il est enjoint aux directeurs de troupes dramatiques de faire fermer, pendant le spectacle, les portes de communication de la salle aux coulisses, aux foyers particuliers et aux loges des artistes, où l'on ne doit admettre aucune personne étrangère au service du théâtre.

Une clef de la porte communiquant de l'intérieur de la salle à la scène, sera mise, avant chaque représentation à la disposition de M. le commissaire central pour surveiller le service.

15. — Il ne peut être annoncé, vendu ou distribué dans l'intérieur de la salle de spectacle, d'autres écrits que des pièces de théâtre portant l'estampille du ministère, et les programmes de spectacle, journaux et

---

(1) Cette mesure n'a jamais reçu d'application.

imprimés dont la vente et la distribution ont été dûment autorisées.

16. — Le parterre est exclusivement réservé aux hommes ; aucune femme n'y sera admise.

Nul ne sera admis au parterre sans une mise décente. Les blouses sont défendues.

17. — Ne seront point admis au théâtre les enfants au-dessous de 4 ans (1).

18. — On fera sortir les personnes en état d'ivresse, et celles qui troubleraient l'ordre.

19. — Dans le cas où une représentation serait troublée par des sifflets trop longtemps prolongés, ou par des cris ou des vociférations, le commissaire de police sommera, au nom de la loi, les spectateurs de laisser continuer la représentation.

Si le calme ne se rétablit pas après cette sommation, il fera baisser le rideau, et enjoindra à toutes les personnes se trouvant dans la salle, de l'évacuer immédiatement. Dans le cas où une troisième sommation resterait sans effet, l'évacuation de la salle aurait lieu par l'emploi de la force armée, et ceux qui feraient de la résistance seraient arrêtés et mis à la disposition de M. le procureur impérial.

20. — Il est défendu :

1° De placer des siéges, bancs ou tabourets dans les passages ménagés pour la circulation, notamment des personnes se rendant à l'orchestre, au parterre, au parquet, aux galeries, etc.

---

(1) Resté sans application.

2° De parler, de circuler dans les corridors de manière à troubler le spectacle ou la tranquillité des assistants, de quelque manière que ce soit.

3° De fumer dans aucune partie de la salle, au théâtre, dans les combles, foyers, loges d'artistes, etc.

4° De tourner le dos à la scène, de s'asseoir sur les bords des loges ou sur les barrières de séparation du parterre, du parquet, de l'orchestre, etc.;

5° De circuler sur la scène avec des chandelles, mais seulement avec des bougies qui présentent moins d'inconvénients;

6° De poser les pieds sur les fauteuils, sièges et banquettes, tant dans les loges qu'au parterre;

7° De suspendre les chapeaux, châles, manteaux et autres objets, en dehors des loges ou des galeries;

8° De s'introduire dans aucune partie de la salle, autrement que par la porte d'entrée de chaque emplacement;

9° De laisser entrer ou de conduire des chiens dans la salle ou sur le théâtre.

21. — Nul ne peut avoir son chapeau sur la tête, lorsque le rideau est levé.

22. — Il est interdit de jeter des billets sur la scène, et aux directeurs, régisseurs ou acteurs d'en donner lecture sous quelque prétexte que ce soit.

Les spectateurs ne peuvent appeler sur le théâtre le directeur ou le régisseur pour demander l'exécution d'un chant, morceau de musique ou récit quelconque qui n'a pas été annoncé par l'affiche du jour.

Les personnes qui auraient des demandes à faire devront les adresser à M. le commissaire central de police.

23. — Tout individu civil ou militaire devra obtempérer à l'invitation que lui fera l'officier de police de service, de demeurer tranquille ou de quitter la salle.

24. — Il est interdit au public, ainsi qu'aux musiciens de monter sur le théâtre ou au foyer des artistes ou choristes, sous quelque prétexte que ce soit, à moins que les musiciens n'y soient appelés par les besoins du service.

25. — Les objets perdus par le public et trouvés à l'intérieur de la salle et qui n'auront pas été réclamés pendant la représentation, devront être mentionnés au procès-verbal de la ronde et remis le lendemain au bureau du commissaire central.

Nombre et Tarif des Places. — Location.

26. — Le nombre des places destinées au public et le tarif des prix sont fixés et ne peuvent être modifiés sans notre autorisation spéciale (1).

```
Banquettes de parquet . . . . . . .  40
Fauteuils . . . . . . . . . . . . .  39
Parterre  . . . . . . . . . . . . . 146
Loges du milieu . . . .  10 ⎫
2 loges de 4  . . . . .   8 ⎪
10 loges de 6 . . . . .  60 ⎬ . . .  92
2   —   de 2 . . . . .    4 ⎪
2   —   d'avant-scène .  10 ⎭
Galerie des premières . . . . . . .  83
    —       deuxièmes . . . . . . . 142
```

(1) Voir page 127, la distribution actuelle des places.

7 loges des deuxièmes de 6 places	42
Troisièmes galeries	100
Amphithéâtre	40
2 baignoires d'avant-scène	10
2 baignoires de 3 places	6
	740

27. — Une inscription murale indiquera dans le vestibule, le tarif du prix des places aux personnes qui se présenteront au bureau de distribution des billets.

28. — Il ne pourra pas être délivré un nombre de billets supérieur aux indications ci-dessus. Les personnes munies de billets et qui ne trouveraient pas de place auront le droit de s'en faire rembourser le montant.

29. — Le directeur ne doit émettre aucun billet indiquant plusieurs catégories de places au choix des spectateurs. Réciproquement, ceux-ci ne peuvent s'installer qu'aux places portées sur leurs billets.

30. — Les loges où les places converties en fauteuils ou en stalles, et dans tous les cas numérotées, pourront être louées d'avance, soit pour une représentation, soit au mois ou à l'année. Un bureau de location sera ouvert au théâtre, à cet effet, chaque jour de représentation, de une heure à quatre.

La location doit cesser avant l'heure de l'introduction du public.

L'administration municipale se réserve de disposer des loges d'avant-scène.

Il est expressément interdit au directeur de louer les loges partiellement — mais seulement complètes (1).

---

(1) Sans application.

31. — A chaque représentation, les places louées seront inscrites sur une feuille de location. Cette feuille sera représentée à tout requérant, et l'étiquette indicative ne pourra être apposée que sur les places qui figureront sur ladite feuille.

32. — Il est enjoint au directeur de faire remettre au commissariat central, avant l'introduction du public, un double de la feuille de location.

33. — On pourra également garder des places dans les parties non louées; mais au lever du rideau, toutes personnes pourront les occuper si celles pour lesquelles elles étaient conservées ne sont pas arrivées.

Obligations des Directeurs et Artistes.

34. — Le directeur du spectacle sera tenu de déposer à la mairie ou au commissariat central, avant l'ouverture de l'année théâtrale, la liste du personnel de la troupe, avec la désignation de l'emploi de chacun des artistes, etc.

35. — Quarante-huit heures au moins avant chaque représentation, il soumettra à notre approbation le programme du spectacle, qui ne pourra plus être modifié sans une autorisation spéciale.

36. — Si au moment du spectacle ou pendant sa durée, il devenait impossible, par suite d'un empêchement fortuit et constaté, de représenter une des pièces annoncées par l'affiche, le directeur pourra la remplacer par une de celles portées sur les répertoires précédents.

37. — Il est expressément défendu au directeur de faire annoncer sur l'affiche la première représentation

d'un ouvrage sans avoir préalablement justifié au commissaire central de police de son inscription au répertoire approuvé, ou de l'approbation de la brochure ou du manuscrit par l'autorité.

38. — Ces affiches ne pourront être apposées au-dessous de 0 m. 50, ni à une élévation dépassant 2 m. 50 c. à partir du sol. Des exemplaires devront en être déposés le jour même de l'affichage, avant midi, à la mairie et au commissariat central.

39. — Les changements survenus dans le spectacle du jour, ne pourront être annoncés que par des bandes de papier blanc appliquées sur les affiches du jour avant l'ouverture de la salle au public.

Il est interdit au directeur d'annoncer ces changements par de nouvelles affiches imprimées, quelle que soit la couleur du papier.

L'inexécution de la première de ces dispositions entraînera pour le directeur l'obligation de rembourser le billet d'entrée.

40. — S'il s'agit de la maladie d'un acteur, elle devra être constatée par le médecin désigné par nous pour être attaché à l'administration théâtrale.

41. — Si hors le cas de maladie, une représentation est manquée ou retardée par la faute d'un acteur, celui-ci sera poursuivi à la diligence du commissaire central, sans préjudice de l'action civile du directeur.

42. — Il est défendu aux acteurs de rien changer ou ajouter à leurs rôles, et de répondre aux interpellations du public.

43. — Il est défendu aux artistes ou autres personnes qui se trouveraient sur le théâtre :

1° De troubler le spectacle par des conversations à haute voix ou de toute autre manière;

2° De s'asseoir dans les coulisses;

3° De s'y placer de manière à être aperçu du public.

44. — Le régisseur et les artistes sont tenus d'obtempérer aux réquisitions ou injonctions qui leur seraient faites par l'officier de police, en ce qui concerne le service du théâtre.

45. — La durée des entr'actes n'excédera jamais dix minutes, lorsqu'il n'y aura aucun changement; — Quinze minutes, lorsqu'il y aura changement de costumes ou de décors.

L'intervalle entre deux pièces ne sera jamais de plus de vingt minutes.

46. — Toutes les fois que dans une représentation on devra faire usage d'armes à feu, ces armes ne pourront être chargées qu'à poudre et avec de la bourre, en présence d'un sous-officier, caporal ou soldat des sapeurs-pompiers.

Dans le cas où des représentations extraordinaires, avec simulacre d'incendie, feux grégeois etc., rendraient plus probable le danger du feu, le directeur devra en informer l'officier commandant la compagnie de sapeurs-pompiers, par écrit, 24 heures avant le spectacle.

47. — L'heure de la clôture des représentations théâtrales ne devra jamais dépasser onze heures et demie.

48. — Cinq minutes avant la fin de la représentation, le directeur fera ouvrir toutes les portes, pour faciliter la sortie des spectateurs.

49. — Les obligations qui concernent le directeur sont remplies, en son absence, par le régisseur : l'un ou l'autre devra toujours se trouver sur le théâtre, pendant les représentations, pour exécuter les ordres de l'autorité. Ils devront, ainsi que les autres employés, déférer à toute invitation du commissaire de police de service, dans l'intérêt de l'ordre public, à charge par ce fonctionnaire de nous en rendre compte.

Service des Employés du Théâtre.

50. — Il y aura un inspecteur du théâtre nommé par nous. Il sera spécialement chargé de la surveillance des machines, décors, meubles et du personnel des employés qui seront nommés par nous sur sa présentation.

Ses fonctions ne sont pas rétribuées.

51. — Le service des décors sera fait par un machiniste en chef qui aura sous ses ordres un machiniste adjoint et quatre aides machinistes pour la scène, plus un brigadier et un aide pour le ceintre et le rideau. Ces six derniers seront rétribués par le directeur.

52. — La garde permanente du théâtre est confiée à un concierge logé dans une dépendance de l'édifice qui ne doit jamais être abandonné.

Le concierge sera en même temps machiniste adjoint ou machiniste en chef suivant notre décision.

53. — Il ne pourra, en aucun temps, disposer de la

salle, ni d'aucune de ses dépendances, sans une autorisation écrite du Maire.

54. — Il lui est interdit de laisser entrer, à quelque titre que ce soit, aucune personne étrangère au service du théâtre, ou que ses fonctions n'y appelleraient pas.

55. — Il est tenu de veiller à la conservation de l'établissement, des effets mobiliers, décors, machines, ustensiles et objets décrits en l'inventaire dressé par l'inspecteur du théâtre. Il devra lui signaler les dégradations qui surviendraient.

56. — A l'arrivée d'une troupe nouvelle, il devra se faire représenter, par le directeur, l'autorisation signée du Maire d'occuper la salle, et prévenir l'inspecteur, pour que celui-ci fasse reconnaître par le directeur, l'état de la salle, du mobilier, des décors et machines. Il en sera dressé un état dont un double restera entre les mains du concierge, après avoir été visé par le directeur.

57. — A partir de ce récolement d'inventaire, le concierge n'aura plus la responsabilité des objets confiés au directeur, sauf toutefois l'obligation qui lui est imposée par l'article 55 ci-dessus.

58. — Avant le départ d'une troupe, le concierge procédera avec l'inspecteur qu'il aura soin de prévenir à l'avance, à une vérification exacte de l'état des objets remis au directeur. L'état qui en sera dressé sera visé par l'inspecteur et remis à la mairie, afin que le montant des réparations constatées soit retenu au directeur, faute de quoi le concierge sera responsable des suites de sa négligence.

59. — Le concierge est tenu de faire gratuitement

toutes les menues réparations qui seront nécessaires pour entretenir autant que possible les décors et le matériel en bon état.

Pendant les vacances du théâtre, il entretiendra la propreté dans toutes les dépendances de la salle.

Il devra veiller, lors des représentations, à ce que le nettoyage alors à la charge du directeur s'exécute ponctuellement.

Le concierge est tenu de visiter exactement, surtout en hiver, le réservoir d'eau et les agrès, la corde du lustre, et d'informer sans délai l'inspecteur de tous dérangements ou dégradations.

60. — Les dessous du théâtre doivent être constamment libres et propres ; il ne pourra y être déposé aucune caisse, effet ou autres objets étrangers au service des machines.

61. — Dans les temps de vacance du théâtre aucun effet mobilier ne doit rester sur le théâtre, tous doivent être rangés dans le magasin.

62. — Deux fois par an, pendant les vacances du théâtre, le machiniste et le machiniste adjoint devront faire le nettoyage général du mécanisme et des décors. Toutes les poulies et les chariots seront graissés, les cordages et faux cordages vérifiés et réglés, les décors battus et époussetés.

Garçons de Théâtre.

63. — Un ou deux garçons de théâtre nommés par nous et rétribués par le directeur seront chargés de porter tous les matins aux artistes la feuille de répétition ; d'aller prendre chez eux les costumes et objets

qui leur sont nécessaires pour la représentation, de les reporter le lendemain ; de rechercher les accessoires, de les placer en scène ainsi que les meubles, d'aider au déchargement lors de l'arrivée de la troupe et au chargement lors du départ. Enfin de se tenir à la disposition des directeurs pour courses, convocations, etc.

Balayeuse.

64. — Une personne rétribuée par le directeur sera chargée, avant et après chaque représentation,

1° De balayer les couloirs, vestibule, grands escaliers, les loges, parquet, stalles, orchestre, le théâtre et ses dépendances.

2° D'épousseter et brosser les murs, velours, tentures, banquettes, fauteuils et ornements de la salle.

3° De laver le dallage des vestibules, corridors, perron et grands escaliers, autant de fois que cela deviendra nécessaire.

Ouvreuses.

65. — Les ouvreuses seront tenues, chacune à son étage respectif, de remettre et ôter, après chaque représentation les toiles et étoffes destinées à recouvrir le devant des loges.

Elles devront, un peu avant la fin de chaque représentation, ouvrir toutes les portes de leur étage, afin de faciliter l'écoulement de la foule.

Il en serait de même pour le cas où un accident surviendrait dans la salle : leur premier soin doit être d'ouvrir tout, au moment de la sortie du public.

Elles rangeront soigneusement et sans encombrement les chaises et tabourets, dont elles se seront servies.

Il rentre encore dans leurs obligations de faire opérer le nettoiement des sièges et cabinets d'aisances, qui devront être tenus constamment dans le plus grand état de propreté.

Contrôleurs.

66. — Les contrôleurs doivent veiller à ce que les sorties et rentrées se fassent sans confusion. Ils sont tenus, aussitôt le rideau levé, d'enlever les barrières de division, et doivent au besoin aider le concierge dans l'ouverture des portes en cas d'accident.

Ils ne doivent souffrir, dans le vestibule, le séjour d'aucun enfant, ni d'aucune autre personne n'ayant point sa place dans la salle.

67. — Tous les employés du théâtre, indistinctement, devront être à leur poste une heure avant le lever du rideau.

Eclairage.

68. — L'entrepreneur de l'éclairage du théâtre doit veiller constamment au parfait état de l'entretien et de la pose de ses appareils, de manière à prévenir tout danger d'incendie.

69. — Le lustre et toutes les autres parties de l'éclairage seront allumés cinq minutes avant l'ouverture de la salle, et ne seront éteints que cinq minutes après son entière évacuation.

70. — Il sera tenu en dépôt chez le concierge cinq kilog. de bougies pour servir en cas de besoin.

Le conduit principal du gaz devra être disposé de

manière à pouvoir se fermer dans l'intérieur comme à l'extérieur de la salle.

L'entrepreneur devra laisser subsister, dix minutes après l'entière évacuation de la salle, quelques lumières pour permettre aux ouvreuses de jeter les toiles sur les appuis des loges, et de ranger tous autres objets avant la fermeture des portes.

Ce délai passé, il éteindra définitivement.

Sapeurs-Pompiers.

71. — Il y aura à chaque représentation un poste de sapeurs-pompiers, dont le service sera déterminé par un réglement particulier.

72. — Après le spectacle, il sera fait par les soins du concierge, en présence des pompiers et d'un agent de police, une visite dans toutes les parties de la salle, pour s'assurer que personne n'est resté caché dans l'intérieur, et qu'il n'existe aucun indice susceptible de faire craindre un incendie. Il en sera dressé chaque fois un procès-verbal où seront constatées les dégradations reconnues. Ce procès-verbal inscrit sur un registre spécial sera signé par les trois personnes chargées de cette ronde.

Dispositions Générales.

73. — Tous les employés dénommés ci-dessus, le directeur lui-même et les artistes devront se soumettre pour l'exécution du présent réglement, aux prescriptions qui pourront leur être faites par le commissaire de service ou par l'inspecteur du théâtre, chacun dans ses attributions.

En cas de contravention et par chaque infraction au

réglement une retenue de 0 fr. 50 c. à 2 fr. sera imposée par nous sur le rapport de l'un ou l'autre de ces fonctionnaires. Ces retenues seront versées à la caisse municipale. Si la retenue est infligée à un employé du directeur, M. le commissaire de police, en préviendra ce dernier, qui fera la retenue à l'employé en défaut. En cas de récidive le renvoi du contrevenant pourra être prononcé.

74. — Le présent arrêté sera imprimé, publié et affiché à Cambrai. Il sera apposé dans des cadres grillés placés en permanence dans le vestibule du théâtre, au foyer et dans les loges des artistes.

75. — M. le Commissaire central et M. l'Inspecteur du théâtre sont chargés d'en assurer l'exécution chacun en ce qui le concerne.

Cambrai, le 1ᵉʳ Février 1866.

J. BRABANT.

Vu :

Lille, le 17 Février 1866.

Le Préfet du Nord,

J.-M. PIÉTRI.

TABLE

	PAGES.
Le théâtre à Cambrai avant et depuis 1789.	5
Erratum	140

Appendice.

Extraits des Comptes de la Ville.	141
Sociétés de Rhétorique et de joueurs sur cars, venues à Cambrai	177
Abbés de Lescache profit.	183
Réglement rendu par Messieurs du Magistrat pour la Police du Spectacle (21 septembre 1773).	185
Instructions à donner au Commandant de Cambrai pour la Police de la Comédie, (décembre 1782)	193
Consignes pour le Commandant de la Garde et les Sentinelles de la Salle des Spectacles de Cambrai.	198
Réglement concernant la Police qui doit être observée en la Salle de Comédie de Cambrai, conformément aux ordres du Roi.	202
Répertoire de la troupe de Casimir et Delatour. 1777.	206
Répertoire de la troupe Bernardy. 1780	210
Répertoire du mois de décembre 1792.	214

Répertoire de janvier-mai 1793 212

Pose de la première pierre de la Salle de Spectacle, le 21 avril 1829. — Discours prononcé par M. le Maire 213

Liste des Directeurs de Spectacles qui ont successivement ou simultanément exploité le Théâtre de Cambrai, depuis 1800 . . . 220

Réglement sur le Service et la Police du Théâtre 225

DU MÊME AUTEUR

Les Miniatures des Manuscrits de la Bibliothèque de Cambrai, 1 vol. in-4° avec atlas in-f° de 99 planches. (papier teinté). (Rare).

Chants et Chansons populaires du Cambrésis, avec la musique notée, par M. le Dureux et deux vignettes, 2 vol. in-8° (Couronné) (en collaboration. — Épuisé).

L'Art monumental à Cambrai, in-8°.

La Dîmerie à Cambrai en 1789, d'après des documents inédits, in-8° avec sceau.

Inscriptions tumulaires antérieures à 1793, encore existantes dans l'arrondissement de Cambrai, 1 vol. in-8° en 2 parties avec 4 planches. (En collaboration).

Un Village de l'ancien Cambrésis. — Fonts baptismaux et pierres tumulaires, in-8° avec 2 planches.

Notice sur l'Hôtel de Ville de Cambrai et sa reconstruction, in-8°.

Artistes Cambrésiens du IX° au XIX° siècles et l'École de Dessin de Cambrai, 1 vol. in-8° avec 10 planches dont 2 en couleurs et 2 photographies. (Rare).

Le Siège de Cambrai par Louis XIV, d'après des documents inédits, 1 vol. in-8° avec titre, vue panoramique en couleurs, têtes de chapitres et culs-de-lampe.

Les Tapisseries de Cambrai, in-18 avec vignettes. Papier de Hollande. (Tiré à 60 exemplaires numérotés).

Le Peintre Yernat, in-18 avec vignette et fac-similé. Papier de Hollande. (Tiré à 100 exemplaires numérotés).

Les Souterrains de Sailly-lez-Cambrai, in-18 avec plan. Papier de Hollande. (Tiré à 30 exemplaires numérotés).

Le Collège de Cambrai, 1270 à 1882, d'après des documents inédits, in-8° avec planches, tiré à 200 exemplaires numérotés et signés, dont 170 sur papier fort et 30 sur papier de Hollande.

Le Clocher St-Martin, in-18 papier de Hollande, tiré à 100 exemplaires numérotés et signés.

Cambrai. — Imprimerie et Lithographie J. Renaut.

www.ingramcontent.com/pod-product-compliance
Lightning Source LLC
Chambersburg PA
CBHW050343170426
43200CB00009BA/1717